KÖNIGS ERLÄUTERUNGEN
Band 10

Textanalyse und Interpretation zu

Gotthold Ephraim Lessing

NATHAN DER WEISE

Ein dramatisches Gedicht in fünf Aufzügen

Thomas Möbius

Alle erforderlichen Infos für Abitur, Matura, Klausur und Referat plus Musteraufgaben mit Lösungsansätzen

Zitierte Ausgabe:
Um mit verschiedenen Ausgaben arbeiten zu können, wird nach Versen zitiert, die bei allen *Nathan*-Ausgaben ausgewiesen sind. Textgrundlage dieser Erläuterung ist der Band des Hamburger Lesehefte Verlags: Lessing, Gotthold Ephraim. *Nathan der Weise. Ein dramatisches Gedicht in fünf Aufzügen.* Husum/Nordsee 2009 (= Hamburger Leseheft Nr. 17, Heftbearbeitung: F. Bruckner und K. Sternelle)

Über den Autor dieser Erläuterung:
Thomas Möbius, geboren 1963 in Heidelberg, Studium der Germanistik und ev. Theologie, Promotion zum Dr. phil. in der germanistischen Mediävistik, Stipendiat der Konrad-Adenauer-Stiftung, Lehraufträge an der Universität Heidelberg, 1991–2001 Lehrer an einem Gymnasium in Mannheim, seit 2002 Akademischer Rat an der PH Heidelberg, mehrjährige Auslandsaufenthalte in Mailand, Rom und Singapur, Autor von Lernhilfen und Königs Erläuterungen des Bange Verlags.

9. Auflage 2020
ISBN: 978-3-8044-1919-3
PDF: 978-3-8044-5919-9, EPUB: 978-3-8044-6919-8
© 2000, 2011 by Bange Verlag GmbH, 96142 Hollfeld
Titelbild: Theateraufführung *Nathan der Weise*, Aufführung Staatsschauspiel Dresden 1979, © Cinetext/Henschel Theater-Archiv
Alle Rechte vorbehalten!
Druck und Weiterverarbeitung: Tiskárna Akcent, Vimperk

INHALT

1. **DAS WICHTIGSTE AUF EINEN BLICK –**   6
   SCHNELLÜBERSICHT

2. **GOTTHOLD EPHRAIM LESSING:**   9
   LEBEN UND WERK

   2.1 **Biografie** — 9
   2.2 **Zeitgeschichtlicher Hintergrund** — 11
       Aufklärung — 11
       Französische Revolution — 12
   2.3 **Angaben und Erläuterungen zu**
       wesentlichen Werken — 13
       Werkübersicht — 14
       Erläuterungen zu den einzelnen Werken — 16

3. **TEXTANALYSE UND -INTERPRETATION**   18

   3.1 **Entstehung und Quellen** — 18
       Früher Plan Lessings — 18
       Fragmenten-Streit — 19
       Zensuredikt — 22
       Biografische Bezüge — 23
       Quellen — 24
       Aufnahme — 27
       Gattung — 29

3.2 Inhaltsangabe — 30
   1. Aufzug — 30
   2. Aufzug — 33
   3. Aufzug — 37
   4. Aufzug — 42
   5. Aufzug — 45
3.3 **Aufbau** — 49
   Die Grundstruktur der Handlung — 49
   Thematische Struktur der Aufzüge — 50
3.4 **Personenkonstellation und Charakteristiken** — 53
   Personenkonstellation — 54
   Verwandtschaftsverhältnisse — 55
   Nathan — 56
   Saladin — 58
   Tempelherr — 60
   Patriarch — 63
   Die Frauengestalten Daja, Recha, Sittah — 65
   Al-Hafi — 69
   Klosterbruder — 71
3.5 **Sachliche und sprachliche Erläuterungen** — 72
3.6 **Stil und Sprache** — 83
3.7 **Interpretationsansätze** — 84
   Nathan als aufklärerisches Werk — 84
   Kritische Auseinandersetzung mit der Aufklärung — 92

4. REZEPTIONSGESCHICHTE — 94

5. MATERIALIEN 99

Cabinetsbefehl des Herzogs Carl an Lessing —————— 99
Boccaccio: Aus dem *Decamerone* —————————— 100
Definition der Parabel ————————————————— 104
Kant: *Was ist Aufklärung?* ——————————————— 105
Lessing: *Die Erziehung des Menschengeschlechts* ———— 108
Lessing: *Über den Beweis des Geistes und der Kraft* ——— 112
Deutungen des *Nathan* ———————————————— 115

6. PRÜFUNGSAUFGABEN MIT MUSTERLÖSUNGEN 129

LITERATUR 143

STICHWORTVERZEICHNIS 148

1. DAS WICHTIGSTE AUF EINEN BLICK – SCHNELLÜBERSICHT

Damit sich jeder Leser in unserem Band rasch zurechtfindet und das für ihn Interessante gleich entdeckt, hier eine Übersicht:

S. 9 ff.

Im zweiten Kapitel beschreiben wir Lessings Leben und stellen den zeitgeschichtlichen Hintergrund dar:

S. 9 f.

→ Lessing lebte von 1729 bis 1781. Wichtige Schauplätze seines vielfältigen Wirkens waren die Städte Berlin, Hamburg, Leipzig und Wolfenbüttel. (Abschnitt 2.1)

S. 11 f.

→ Die Zeit war philosophisch geprägt durch die Epoche der Aufklärung, politisch herrschte das absolutistische System vor. (Abschnitt 2.2)

S. 13 ff.

→ Der *Nathan* wurde 1779 fertiggestellt; im Drama lassen sich zahlreiche Parallelen zu anderen Werken Lessings nachweisen. (Abschnitt 2.3)

Im dritten Kapitel bieten wir eine Textanalyse und -interpretation.

Nathan – Entstehung und Quellen:

S. 18 ff.

Die Absicht, die Religionen in einem Drama miteinander zu vergleichen, hat Lessing bereits zwischen 1748 und 1751 entwickelt. Auslöser für die Abfassung des Dramas waren der Fragmenten-Streit, das Zensuredikt, aber auch biografische Bezüge. (Abschnitt 3.1)

Inhalt:

In dem Drama *Nathan der Weise* fasst Lessing in einer Art von „dramatischem Testament" alle Axiome seines aufklärerischen Weltbildes zusammen. Der Jude Nathan nimmt die Christin Recha bei sich auf und erzieht sie. Ein junger Tempelherr rettet sie viele Jahre später aus dem brennenden Haus und verliebt sich in sie. Die Aufdeckung der Verwandtschaftsverhältnisse (Recha und ihr Retter sind Geschwister) verhindert eine Heirat; gleichwohl endet das Stück versöhnlich und harmonisch. Die Humanität, die Nathan in seinem Handeln unter Beweis stellt, dient als Anknüpfungspunkt für die Auseinandersetzung mit den thematischen Schwerpunkten „Toleranz" und „Humanität", um derentwillen Lessing das Stück geschrieben hat. (Abschnitt 3.2)

⇨ S. 30 ff.

Chronologie und Schauplätze:

Der Handlungszeitraum erstreckt sich über mehrere Tage des Jahres 1192. (Abschnitt 3.3)

⇨ S. 49 ff.

Personen:

Die Hauptpersonen sind

Nathan:
→ reicher Kaufmann und Menschenfreund
→ Glaube an Humanität und Toleranz

⇨ S. 56 f.

Saladin:
→ humane Grundeinstellung
→ widersprüchliches Charakterbild

⇨ S. 58 f.

⇨ S. 60 ff.

Tempelherr:
→ religiös bedingte Vorurteile
→ Bekenntnis zu Humanität und Toleranz

⇨ S. 63 ff.

Patriarch:
→ machtbewusster und autoritärer Kirchenpolitiker

Wir stellen diese Hauptfiguren und die Nebenfiguren ausführlich vor. (Abschnitt 3.4)

Stil und Sprache:

⇨ S. 72 ff.

Stil und Sprache werden durch den Blankvers geprägt. Die geringe Zahl an Regieanweisungen zeigt, wie stark das gesprochene Wort im Vordergrund steht. Alle Figuren weisen die gleiche Sprachkompetenz auf. Die Wortwahl ist durch zahlreiche Begriffe aus der Theologie bestimmt. Der Schauplatz der Handlung, Jerusalem, wird durch Hinweise auf Geografie und Lebensformen Kleinasiens während der Zeit der Kreuzzüge lebendig gemacht. (Abschnitte 3.5 und 3.6)

Interpretationsansätze:

Zwei Interpretationsansätze bieten sich an:
Der *Nathan* ist
→ ein aufklärerisches Werk;

⇨ S. 92 f.

→ ein idealistisches Werk, das zu einer Kritik an den Prinzipien der Aufklärung herausfordert. (Abschnitt 3.7)

2. GOTTHOLD EPHRAIM LESSING: LEBEN UND WERK

2.1 Biografie

JAHR	ORT	EREIGNIS	ALTER
1729	Kamenz (Oberlausitz)	Geburt am 22. 01. als drittes von zwölf Kindern des lutherischen Pastors Johann Gottfried Lessing und der Pastorentochter Justina Salome, geb. Feller; Hausunterricht durch den Vater, später Besuch der Lateinschule	
1741	Meißen	Stipendium (von der Familie von Carlowitz gestiftet) für das Internat St. Afra (strenge Internatsdisziplin mit besonders qualifizierter Ausbildung für begabte Schüler); Studium von Latein, Griechisch, Hebräisch, Französisch, Mathematik und zeitgenössischen literarischen und philosophischen Werken; erste schriftstellerische Versuche (Lustspiel *Der junge Gelehrte*)	12
1746	Meißen Leipzig	Schulabgangsrede *De mathematica barbaorum*; Immatrikulation als Student der Theologie und Medizin (Stipendium)	17
1752	Leipzig	Abschluss seines Studiums mit der Ernennung zum Magister der freien Künste	23
1752–60	Berlin	Arbeit als freier Schriftsteller	23–31

Gotthold Ephraim Lessing (1729–1781), Gemälde von Anton Graff aus dem Jahre 1771.
© ullstein bild – Imagno

2.1 Biografie

JAHR	ORT	EREIGNIS	ALTER
1760–64	Breslau	Lessing als Gouvernementssekretär (Aufgabe: Führen des Briefwechsels mit dem Berliner Königshof), Ausscheiden aus dem Amt nach schwerer Krankheit, Suche nach neuer Anstellung	31–35
1765–66	Berlin	Bewerbung um die Stelle eines Hofbibliothekars (von Friedrich II. abgelehnt)	36–37
1767	Hamburg	Anstellung als **Dramaturg** und Kritiker am Deutschen Nationaltheater	38
1770	Hamburg Wolfenbüttel	finanzieller Bankrott, Annahme der Stelle als Hofbibliothekar in der herzoglichen Bibliothek	41
1771	Wolfenbüttel	Verlobung mit der Kaufmannswitwe Eva König, Eintritt in die Hamburger Freimaurerloge „Zu den drei Rosen"	42
1776	Wolfenbüttel	**Hochzeit** mit Eva König	47
1777–78	Wolfenbüttel	Geburt und Tod eines Sohnes, wenige Tage später Tod der Ehefrau (10. 01. 1778)	48
1780	Wolfenbüttel	zunehmende Verschlechterung seines gesundheitlichen Zustandes (fortschreitende Erblindung, Schlaganfall am 29. 01. 1780)	51
1781	Braunschweig	**Tod Lessings** (15. 02.)	52

2.2 Zeitgeschichtlicher Hintergrund

ZUSAMMENFASSUNG

Wichtig um 1780:
→ Aufklärerische Ideen bestimmen sämtliche Bereiche des kulturellen, ökonomischen und politischen Lebens.
→ Die von der Aufklärung propagierten Menschenrechte finden in der amerikanischen Unabhängigkeitserklärung (1776) ihren Niederschlag.
→ In Europa steht die Französische Revolution kurz bevor.

Aufklärung

Der zeitgeschichtliche Hintergrund wird durch die **Epoche der Aufklärung** bestimmt. Bedeutende Aufklärer sind: Gottfried Wilhelm Leibniz (1646–1716), Thomasius (1655–1718), Christian Wolff (1679–1754), Immanuel Kant (1724–1804). Das Vernunft-Denken prägt sich im **naturwissenschaftlichen, ökonomischen, politischen und literarischen Bereich** aus.

Adam **Smith** (1723–1790) ist der Vordenker des **Wirtschaftsliberalismus**, der sich rasch entwickelnde Handel ist die Grundlage für den Aufstieg des Bürgertums. Die Erfindung der Dampfmaschine durch James Watt im Jahre 1765 forciert die **Industrialisierung** in England, die auch auf dem Kontinent einsetzt.

Samuel **von Cocceji** (1679–1755) leitet eine **Rechtsreform** ein und begründet damit die Wandlung Preußens vom Polizei- zum Rechtsstaat. Friedrich II. d. Gr. (1712–1786) gilt als Beispiel für den **aufgeklärten Herrscher**; der Monarch wird als „erster Diener des Staates" verstanden. Preußen steigt nach den beiden Schlesischen Kriegen (1740–42 und 1744–45) und dem Siebenjährigen Krieg (1756–63) zur Großmacht auf.

2.2 Zeitgeschichtlicher Hintergrund

Französische Revolution

Die von der Aufklärung propagierten **Menschenrecht**e finden in der **Unabhängigkeitserklärung** der 13 Vereinigten Staaten (4. Juli 1776) ihren Niederschlag; der amerikanische Unabhängigkeitskrieg beginnt 1775. 1783 erkennt Großbritannien die Unabhängigkeit im Frieden von Versailles an. In Europa münden die Forderungen nach Menschen- und Bürgerrechten und nach Gewaltenteilung zunächst in die 1789 beginnende **Französische Revolution**. Sie beeinflusst nachhaltig die politische Entwicklung in den anderen Staaten des europäischen Kontinents.

2.3 Angaben und Erläuterungen zu wesentlichen Werken

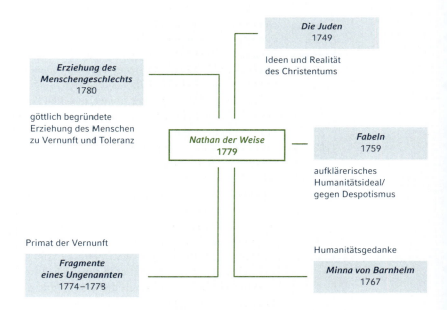

In dem Drama *Nathan der Weise* fasst Lessing in einer Art von **„dramatischem Testament"** alle Axiome seines aufklärerischen Weltbildes zusammen. Thematische Parallelen finden sich daher zu den meisten seiner Werke. Die wichtigsten Verbindungen sind in dem oben stehenden Schaubild dargestellt.

2.3 Angaben und Erläuterungen zu wesentlichen Werken

Werkübersicht

1746–48	Kontakt mit der Schauspielertruppe der Caroline Neuber, erfolgreiche Aufführung seines Dramas *Der junge Gelehrte*, Veröffentlichung von anakreontischen Gedichten und Epigrammen, Lustspiele *Der Misogyne, Die alte Jungfer*
1749–50	Beginn der freien Mitarbeit bei der „Berlinischen Privilegirten Zeitung"; Entstehung der Lustspiele *Die Juden, Der Freigeist, Der Schatz*, Dramenfragment *Samuel Henzi*, Erzählung *Der Eremit*, daneben vor allem literarische Rezensionen; Freundschaft mit Moses Mendelssohn
1753–55	Herausgabe einer sechsteiligen Sammlung von *Lessings Schriften*, abgeschlossen 1755 mit dem bürgerlichen Trauerspiel *Miss Sara Sampson* (Aufführung im selben Jahr in Frankfurt an der Oder); literaturkritische Schriften (z. B. *Vade me cum für Herrn Samuel Gotthold Lange, Pastor in Laublingen)*; *Das Christentum der Vernunft*
1756	ab Mai Bildungsreise mit Johann Gottfried Winkler, abgebrochen im September in Amsterdam wg. Ausbruchs des Siebenjährigen Krieges; Beginn des Briefwechsels mit den Aufklärern Friedrich Nicolai und Moses Mendelssohn über poetologische Probleme: *Briefe, die neueste Literatur betreffend* (Abgrenzung zur Gottsched'schen Regelpoetik)
1758–60	Veröffentlichungen, z. B. Trauerspiel *Philotas, Faust* (Fragment), *Über den Äsopus*, Sinngedichte, *Fabeln, Abhandlungen über die Fabel, Über den Phäder*
1765–66	*Laokoon oder Über die Grenzen der Mahlerey und Poesie*

2.3 Angaben und Erläuterungen zu wesentlichen Werken

1767	*Minna von Barnhelm oder Das Soldatenglück*; Anstellung als Dramaturg am Hamburger Nationaltheater (festgehalten in der poetologischen Schrift der *Hamburgischen Dramaturgie*)
1768–69	*Briefe, antiquarischen Inhalts* und *Wie die Alten den Tod gebildet* (Teil 1 und 2)
1772	Trauerspiel *Emilia Galotti*
1774	Beginn der Veröffentlichung der *Fragmente eines Ungenannten* (Nachlass des Hamburger Professors Reimarus), Beginn der religionskritischen Debatte („Fragmenten-Streit")
1775	Italienreise mit dem Braunschweiger Prinzen Leopold
1777	Lessings Stellungnahme zu den Reimarus-Fragmenten in *Gegensätze des Herausgebers*
1778	Auseinandersetzung mit Hamburger Hauptpastor Goeze (*Über den Beweis des Geistes und der Kraft*, *Eine Duplik*, *Anti-Goeze*-Schriften) anlässlich der Veröffentlichung der *Fragmente*: Kritik Lessings an wortwörtlicher Auffassung der Bibel und absolutistischem Wahrheitsanspruch der Kirche; Entzug der zensurfreien Veröffentlichungsgenehmigung; Freimaurergespräche *Ernst und Falk* (Gespräche über das Wesen der Freimaurerei)
1779	*Nathan der Weise. Ein dramatisches Gedicht* als Bühnen-Anwort auf Goeze nach dem Veröffentlichungsverbot
1780	*Die Erziehung des Menschengeschlechts*

2.3 Angaben und Erläuterungen zu wesentlichen Werken

Erläuterungen zu den einzelnen Werken

DIE JUDEN (Lustspiel, entstanden 1749)	In dem Lustspiel rettet ein unbekannter Reisender einen Baron bei einem nächtlichen Raubüberfall; es stellt sich heraus, dass die Wegelagerer, die die Schuld auf Juden abzuwälzen suchen, seit Jahren im Dienst des Barons stehen. Der Reisende entlarvt die Täter und offenbart schließlich, dass er selbst ein Jude ist. Religiöse **Toleranz und Humanität** werden in diesem Stück ähnlich entschieden verfochten wie im *Nathan*.
FABELN (1759)	Die von Lessing als Jugendwerke abqualifizierten Versfabeln erschienen bereits 1753, die von ihm anerkannten Prosafabeln 1759. Etwa die Hälfte der enthaltenen 90 Fabeln geht auf antike Vorbilder zurück. In Fabeln wie *Der Esel mit dem Löwen* oder *Der Rabe und der Fuchs* werden **allgemeinmenschliche Schwächen** entlarvt. Nach Lessings Vorstellung muss in jeder Fabel ein moralischer Lehrsatz auszumachen sein, ihre Aufgabe sei es nicht zu unterhalten, sondern zu belehren. Dieser lehrhafte Charakter und der dahinterstehende Vernunftsoptimismus verbindet seine Fabeldichtung mit dem *Nathan*.
ERZIEHUNG DES MENSCHENGESCHLECHTS (theologisch-philosophische Abhandlung, 1780)	Theologisch-philosophisches Werk, das im Zusammenhang mit der Herausgabe der *Fragmente aus den Papieren eines Ungenannten* entstanden ist. In dem Werk wird der **Verstand** zum Leitorgan des Menschen erklärt und die optimistische Prognose formuliert, dass der Mensch das Gute nicht wegen in Aussicht gestellter Belohnungen, sondern des Guten wegen tun werde.

2.3 Angaben und Erläuterungen zu wesentlichen Werken

FRAGMENTE AUS DEN PAPIEREN EINES UNGENANNTEN **(religiöse Schriften, 1774–1778)**	Seit 1774 gibt Lessing unter diesem Titel *Fragmente eines Ungenannten* die christentumskritischen Schriften des Hamburger Orientalisten Hermann Samuel Reimarus (1694–1768) heraus. In diesen Schriften wird z. B. behauptet, die Leiche Jesu sei von den Jüngern nur gestohlen worden, die Auferstehung sei also nur vorgegaukelt, weil die Jünger einmal gewonnene Privilegien nicht aufgeben wollten. Lessing geht es bei der Herausgabe nicht so sehr um den Inhalt als vielmehr um den Anspruch, auf breiter Basis **kritisch** über religionskritische Thesen und über als unantastbar zu gelten habende Wahrheiten **diskutieren** zu dürfen.
MINNA VON BARNHELM **(Lustspiel, vollendet 1767)**	Major Tellheim, verarmt nach dem Ende des Siebenjährigen Krieges, wird wegen zu großer Milde gegenüber der feindlichen Zivilbevölkerung aus der Armee entlassen. Aus Geldnot versetzt er seinen Verlobungsring, den seine Verlobte, das Edelfräulein Minna von Barnhelm, zufälligerweise entdeckt. Im Gespräch mit Minna wird das durch die Entlassung und die daraus resultierende Geldnot verletzte Ehrgefühl des Majors deutlich, das ihn dazu veranlasst, eine Eheschließung abzulehnen. Mit Geschick gewinnt Minna ihren Verlobten zurück, indem sie sich als Bedürftige darstellt, die durch das Verhalten ihres Verlobten in materielle Schwierigkeiten geraten ist. Am Ende wird der Major rehabilitiert, Versöhnung und Eheschließung werden Realität. In diesem Stück werden – wie im *Nathan* – **Liebe und Humanität** betont, insbesondere als Gegensätze zum oberflächlichen Ehrbegriff der feudalen Gesellschaft.

3. TEXTANALYSE UND -INTERPRETATION

3.1 Entstehung und Quellen

ZUSAMMEN-FASSUNG

1749	Lessing gestaltet die Problematik antisemitischer Vorurteile im Drama *Die Juden*.
1774	Lessing gibt die *Fragmente eines Ungenannten* heraus (Religionskritik).
November 1778	Beginn der Arbeit am *Nathan*.
März 1779	Abschluss des „dramatischen Gedichts" *Nathan der Weise*.
Mai 1779	Erscheinen der Buchausgabe.

Früher Plan Lessings

Lessing thematisiert bereits in dem 1749 entstandenen Lustspiel *Die Juden* die soziale Bedeutung antisemitischer Vorurteile, ohne darin allerdings die **religiöse Problematik** zu berücksichtigen. **Die Religionen in einem Drama miteinander zu vergleichen**, hat sich Lessing bereits während seines ersten Berliner Aufenthaltes von 1748 bis 1751 vorgenommen.[1] So schreibt er in einem Brief an seinen Bruder Karl am 11.08.1778:

Früher Plan Lessings, die Religionen in einem Drama zu vergleichen

„Ich habe vor vielen Jahren einmal ein Schauspiel entworfen, dessen Inhalt eine Art von Analogie mit meinen gegenwärtigen Streitigkeiten hat, die ich mir damals wohl nicht träumen ließ. Wenn du und Moses es für gut finden, so will ich das Ding auf

---

[1] Vgl. Düffel, S. 47.

3.1 Entstehung und Quellen

Subskription drucken lassen und du kannst nachstehende Ankündigung nur je eher je lieber ein paar hundertmal auf einem Oktavblatt abdrucken lassen, und ausstreuen, so viel und so weit du es für nötig hältst. Ich möchte zwar nicht gern, dass der eigentliche Inhalt meines anzukündigenden Stücks allzufrüh bekannt würde; aber doch, wenn ihr, du oder Moses, ihn wissen wollt, so schlagt das ‚Decamerone' des Boccaccio auf: Giornata I, Nov. III, Melchisedech Giudeo. Ich glaube, eine sehr interessante Episode dazu erfunden zu haben, dass sie alles sehr gut soll lesen lassen, und ich gewiss den Theologen einen ärgern Possen damit spielen will, als noch mit zehn Fragmenten."[2]

Neben dem Hinweis auf die **literarische Quelle des Dramas** spielt der Auszug mit den „Streitigkeiten" auf die **aktuellen Schwierigkeiten** an, mit denen sich Lessing nach der Herausgabe der Reimarus-Fragmente und der Zensurauflage konfrontiert sieht. In der Ring-Novelle aus Boccaccios *Decamerone* sieht er eine Möglichkeit, seine Position trotz Zensur auf der Bühne darzulegen.

Boccaccios *Decamerone* als Quelle

Fragmenten-Streit

Seit 1774 gibt Lessing unter dem Titel *Fragmente eines Ungenannten* die christentumskritischen Schriften des Hamburger Orientalisten Hermann Samuel Reimarus (1694–1768) heraus. In diesen Schriften wird z. B. behauptet, die Leiche Jesu sei von den Jüngern nur gestohlen worden, die Auferstehung sei also nur vorgegaukelt, weil die Jünger einmal gewonnene Privilegien nicht haben aufgeben wollen. Lessing geht es bei der Herausgabe nicht so sehr um den Inhalt als vielmehr um den Anspruch, auf breiter Basis über **religionskritische Thesen** diskutieren zu dürfen. Daher

Hermann Samuel Reimarus

---

2 Zitiert nach Düffel, S. 99 f.

3.1 Entstehung und Quellen

stellt er den Fragmenten seine *Gegensätze des Herausgebers* zur Seite, in denen er sich kritisch von den Thesen distanziert und einen eigenen Deutungsweg entwickelt, der sich vor allem gegen den Dogmatismus der kirchlichen Lehre richtet.

Fragmenten-Streit als Auslöser

Dagegen und um die Frage, ob Lessings Veröffentlichungen der *Fragmente* überhaupt statthaft seien, dreht sich der erbitterte Streit, der sich in der Folge vor allem mit dem Hamburger Hauptpastor Johann Melchior Goeze (1717–1786) entwickelt. Auf dessen Kritik erwidert Lessing mit seinen polemischen *Anti-Goeze-Briefen*. Besonders deutlich wird die inhaltliche Position Lessings in *Die Erziehung des Menschengeschlechts* (1777/80) und in *Über den Beweis des Geistes und der Kraft* (1777). In *Die Erziehung des Menschengeschlechts* erklärt er den **Verstand zum Leitorgan des Menschen** und ist optimistisch, dass der Mensch das Gute nicht wegen in Aussicht gestellter Belohnungen, sondern des Guten wegen tun wird:

Das Gute tun als schöner Selbstzweck

> „Nein; sie wird kommen, sie wird gewiß kommen, die Zeit der Vollendung, da der Mensch, je überzeugter sein Verstand einer immer bessern Zukunft sich fühlet, von dieser Zukunft gleichwohl Bewegungsgründe zu seinen Handlungen zu erborgen, nicht nötig haben wird; da er das Gute tun wird, weil es das Gute ist, nicht weil willkürliche Belohnungen darauf gesetzt sind, die seinen flatterhaften Blick ehedem bloß heften und stärken sollten, die inneren bessern Belohnungen desselben zu erkennen."[3]

---

[3] *Die Erziehung des Menschengeschlechts*, § 85; Auszüge aus dem Essay finden sich im Materialienteil auf S. 107–111.

3.1 Entstehung und Quellen

REIMARUS

Die synoptischen Evangelien und Johannes sind widersprüchlich und daher als geoffenbartes Wort Gottes unbrauchbar. Jünger haben betrogen in Bezug auf Jesu Lehre und Auferstehung.

GOEZE

Die wortwörtliche Wahrheit steht in der Bibel. Der christliche Glaube ist unwidersprechlich wahr (absoluter Wahrheitsanspruch).

LESSING

Die Vernunft des Menschen überprüft die biblische Offenbarung. Die öffentliche Diskussion über den Bibeltext muss möglich sein.

Lessings Hinweis auf die **Bedeutung des Verstandes führt im Bezug zum Christentum zu einer kritischen Position**, die aber nicht – so wie Reimarus es tut – alle religiösen Glaubenswahrheiten über Bord wirft.

Die überlieferten **Wundergeschichten beurteilt Lessing als historische Wahrheiten**, als „Nachrichten von Wundern", die seiner Meinung nach nicht den Ausschlag zur Annahme oder Ablehnung der Lehren Jesu geben dürfen. Die christliche Lehre habe der Wunder bedurft:

Biblische Wunder

> „Nichts als diese Lehren selbst, die vor 1800 Jahren allerdings so neu, dem ganzen Umfange damals erkannter Wahrheiten so fremd, so uneinverleiblich waren, dass nichts Geringeres als Wunder und erfüllte Weissagungen erfordert wurden, um erst die Menge aufmerksam darauf zu machen.
>
> Die Menge aber auf etwas aufmerksam machen, heißt: den gesunden Menschenverstand auf die Spur helfen."[4]

---

4 *Über den Beweis des Geistes und der Kraft*, S. 38. Auszüge aus dem Essay finden sich im Materialienteil auf S. 112–114.

3.1 Entstehung und Quellen

Zensuredikt

Mehrfacher Maulkorb für Lessing

Die publizistische Auseinandersetzung zwischen Lessing und Goeze wird schließlich durch das Zensuredikt vom 13.07.1778 verboten. Lessing wird darin vorgeworfen, er habe durch die Veröffentlichung von Schriften, die das Fundament des Christentums einzureißen drohn, **öffentliches Ärgernis** hervorgerufen: Die Schriften hätten die Absicht, „(...) die Religion in ihrem Grunde zu erschüttern, lächerlich und verächtlich machen zu wollen (...)."[5]

In einem weiteren Edikt vom 03.08.1778 wird klargestellt, die Dispensation von der Zensur habe wegen des davon gemachten Missbrauchs aufgehoben werden müssen.[6] Lessing hofft zunächst, dass sich diese Bestimmung nur auf Veröffentlichungen im Herzogtum Carls bezieht. Eine am 17.08.1778 nachgeschobene Verordnung untersagt ihm auch dieses, „(...) dass er in Religionssachen, so wenig hier als auswärts, auch weder unter seinem noch anderen angenommenen Namen, ohne vorherige Genehmigung (...)"[7] publizieren darf.

Existenzsorgen

Lessing reagiert auf die Zensuranordnung, indem er die **Auseinandersetzung in literarischer Form** weiterführt und auf die Bühne verlegt. In dem bereits erwähnten Brief an Karl Lessing vom 11.08.1778 erinnert er sich an seinen alten Plan und erkennt inhaltliche Gemeinsamkeiten mit den aktuellen Auseinandersetzungen. Außerdem klingt in diesem Brief an, dass auch finanzielle Gründe – möglicherweise sieht er seine berufliche Stellung als Hofbibliothekar auf Dauer gefährdet – dafür verantwortlich sind, dass sich Lessing an die **Abfassung eines neuen Stücks** macht. In

---

5 Zitiert nach Lindken, S. 26; das Edikt findet sich im Materialienteil auf S. 99 f.
6 Vgl. Düffel, S. 95.
7 Zitiert nach Düffel, S. 99.

3.1 Entstehung und Quellen

einem Brief an Elise Reimarus, die Tochter von Hermann Samuel Reimarus, schreibt er am 06.09.1778: „Ich muss versuchen, ob man mich auf meiner alten Kanzel, auf dem Theater wenigstens, noch ungestört will predigen lassen."[8]

Theaterbühne als „Ersatzkanzel"

Im November 1778 beginnt der Dichter mit der Arbeit am *Nathan*, im März 1779 beendet er bereits den fünften Aufzug; die **Erstausgabe ist im Mai 1779** in den Händen der Subskribenten.

Biografische Bezüge

In dem Drama lassen sich **zahlreiche Bezüge** nachweisen, die **auf die Lebensumstände** hindeuten, in denen sich Lessing bei der Abfassung befunden hat. Neben der religionskritischen Auseinandersetzung, die das Thema und die Aussage des Dramas maßgeblich beeinflusst hat, finden wir in der Geschichte Nathans, der seine Familie verliert, auch die leidvolle Erfahrung Lessings wieder, der kurz nach Geburt und **Tod seines ersten Sohnes** am 10.01.1778 auch noch den **Tod seiner Ehefrau** zu beklagen hat. Die Trauer um den Verlust der Familie, die gesellschaftliche Isolation in der Folge des Fragmenten-Streits, das Zensuredikt und schließlich die eigene Erkrankung bestimmen die biografische „Atmosphäre", in der Lessing im zum Arbeitszimmer umgebauten Sterbezimmer seiner Frau den *Nathan* schreibt.

Einsamkeit und Krankheit

Mit der Figur des Nathan fühlt sich Lessing über das gemeinsame Schicksal hinaus verwandt. Die Gesinnung des Juden, die sich **gegen den Absolutheitsanspruch von Religionen** richtet, ist auch die Lessings. So schreibt er in einem Entwurf zur Vorrede zum *Nathan*: „Nathans Gesinnung gegen alle positive Religion ist von jeher die meinige gewesen."[9]

Identifikation mit Nathan

---

8 Zitiert nach Düffel, S. 101.
9 Zitiert nach Düffel, S. 113.

3.1 Entstehung und Quellen

Moses Mendelssohn als Vorbild für Nathan

Ein anderes Vorbild für die Figur des Nathan lässt sich auch in Lessings Freund Moses Mendelssohn ausmachen, der eine Tochter mit Namen Recha hat. Mendelssohn ist im Jahre 1769 vom Pietisten Johann Kaspar Lavater aufgefordert worden, sich zwischen der jüdischen und der christlichen Religion als einzig wahrer Religion zu entscheiden. Erst öffentlicher Druck hat Lavater später zum Einlenken veranlasst.

Vorbilder für weitere Figuren

Auch für andere Figuren lassen sich möglicherweise biografische Parallelen finden: Lessings Hauptkontrahent Goeze z. B. lässt sich mit einiger Sicherheit hinter der Karikatur des eifernden Patriarchen vermuten, das Vorbild für den Derwisch Al-Hafi hat Lessing möglicherweise im Sekretär und Diener des Kaufmanns Nathan Meyer, Abraham Wulff, gefunden.

Quellen

Die **literarische Quelle** findet Lessing in **Giovanni Boccaccios** (1313–1375) *Decamerone*[10]. In der dritten Novelle des ersten Tages erzählt Philomele vom Juden Melchisedech, der durch die Geschichte von den drei Ringen einer großen Gefahr entgeht, in die ihn Saladin gebracht hat. Den Namen „Nathan" nimmt Lessing aus der dritten Novelle des zehnten Tages.

Die Geschichte von den drei Ringen

Der Grundbestand der Ringparabel, wie sie bei Boccaccio zu finden ist, lautet: Saladin will von einem reichen Juden Geld borgen. Er stellt ihm eine Falle mit der Frage nach der rechten Religion. Die Parabel von den drei Ringen wird zum Ausweg aus der Falle: Dem Ring, der den Erben bestimmt und dem liebsten Sohn zuteil wird, werden zwei weitere identische Ringe beigegeben, weil ein Vater alle drei Söhne gleich liebt. Die Frage, welches der echte Ring sei, bleibt auf diese Weise unentscheidbar.

---

10 Vgl. Materialienteil auf S. 100–103.

3.1 Entstehung und Quellen

VERGLEICH DER RINGERZÄHLUNG BEI BOCCACCIO UND LESSING

Boccaccio	Lessing
→ Name des Juden: Melchisedech (Melchisedech als Beispiel für kluges Verhalten, das aus einer schwierigen Situation befreit)	→ Name des Juden: Nathan (Nathan als ‚Erzieher' des Sultans)
→ negative Zeichnung des geizigen Juden	→ positive Zeichnung des großzügigen Juden
→ Eigenschaft des Rings: Bestimmung des Erbenden, macht Träger zum Geehrtesten	→ Eigenschaft des Rings: Erbe, beliebt zu machen vor Gott und den Menschen, wer ihn in dieser Zuversicht trägt.
→ Lehre: Ringe bleiben ununterscheidbar, auch einzig wahre Religion nicht eindeutig aufweisbar *(Ende der Geschichte)*	→ Ringe können nicht auseinandergehalten werden.
	→ Streit um den echten Ring
	→ Gerichtsklage mit Entscheidung, dass wegen des Egoismus der Kläger (Wunderkraft beliebt zu machen) wohl keiner der Ringe echt sei.
	→ Aufforderung: Echtheit des Rings durch praktizierte Nächstenliebe, Sanftmut und Toleranz zu erweisen.

3.1 Entstehung und Quellen

Mittelalterliche Ring-Erzählungen

Ringe als Allegorie für Religionen zu wählen, ist in den **mittelalterlichen Überlieferungen** sehr beliebt. In der ältesten Überlieferung, den *Anecdotes Historiques, Légendes et Apologues* des Dominikanermönches Étienne de Bourbon (gest. 1261), wird die christliche Religion in einem wundertätigen Ring dargestellt. Ähnlich wird auch in der altfranzösischen Versdichtung *Dit dou vrai aniel* (entstanden zwischen 1270 und 1294) verfahren. Drei Ringe als Symbole für die drei monotheistischen Religionen finden sich schließlich in der bedeutendsten Legenden- und Märchensammlung des Mittelalters, in den *Gesta Romanorum* (14. Jh.), die Lessing aufgrund seiner Tätigkeit als Hofbibliothekar gekannt hat.

Neben den literarischen Quellen benutzt Lessing nachweislich eine ganze Reihe von **historischen Schriften**, mit deren Hilfe er insbesondere ein Bild der Kreuzzüge und des Sultans Saladin zeichnet. Er wählt für sein Religionsdrama einen entfernten Schauplatz, Jerusalem, und eine entfernte Zeit, die des dritten Kreuzzuges 1192, um dadurch der Zensur, der seine Schriften seit August 1778 unterliegen, zu entgehen.

Mit einem historischen Stoff die Zensur umgehen

QUELLEN

Literarische Quelle	Giovanni Boccaccio (1313–1375)	*Decamerone*, I, 3 Name „Nathan" aus *Decamerone*, X, 3
Historische Quellen	Voltaire (1694–1778)	*Geschichte der Kreuzzüge* (1751)
	Marin (1721–1809)	*Geschichte Saladins Sulthans von Egypten und Syrien* (Celle 1761)
	Albrecht Schulte (Hrsg.)	*Vita et res gestae Saladini auctore Bohadino nec non excerpta ex historia Abulfedae* (Leyden 1732)

3.1 Entstehung und Quellen

QUELLEN		
Historische Quellen	Barthélemy d'Herbelot	*Bibliothèque Orientale ou Dictionnaire universel contenant généralement tout ce qui regard la connaissance des peuples de l'Orient* (Paris 1697)
	Olfert Dapper	*Delitiae Orientales: Das ist die Ergötzlich- und Merkwürdigkeiten des Morgenlandes in zwei Teile abgefasset* (Nürnberg 1712)

Aufnahme

Das Drama wird **sowohl positiv als auch negativ** aufgenommen: Germaine de Staël (1766–1817) bezeichnet es als „das schönste Werk Lessings"[11], für David Friedrich Strauß (1808–1874) ist es ein „didaktisches Drama"[12], für Georg Gottfried Gervinus (1805–1871) ist es trotz der „schlechten Verse" das Buch, das „(...) neben Goethe's Faust das eigenthümlichste und deutscheste (ist), was unsere neuere Poesie geschaffen hat"[13]; Eugen Dühring (1833–1921) dagegen stellt mit seiner Bezeichnung des *Nathan* als „platte(s) Judenstück"[14] das Beispiel für verunglimpfende Ablehnung dar.

Wertschätzung und Verunglimpfung

Die erste Rezension aus der „Kaiserlich-privilegirten Hamburgischen Neuen Zeitung" vom 18. 06. 1779 lobt das Werk: „Die Charaktere sind fast alle zusammen gut, jeder auf seine Art; den Patriarchen ausgenommen, der – vielleicht nicht auf seine Art – erzböse ist".[15] Schon in dieser Rezension wird darauf hingewiesen, dass das **Stück nicht für die Bühne geeignet** zu sein scheint:

---

11 de Staël, S. 207.
12 Strauß, S. 366
13 Gervinus, S. 459.
14 Dühring, S. 350.
15 Zitiert nach Düffel, S. 115.

3.1 Entstehung und Quellen

Wolfgang Dehler als Nathan und Ralf Hoppe als Klosterbruder in Klaus Dieter Kirsts Inszenierung des *Nathan* am Staatsschauspiel Dresden (1979).
© Cinetext/ Henschel Theater-Archiv

„Dem Gesagten zufolge wird man schon vermuten, dass ‚Nathan' wohl nicht leicht auf die Bühne gebracht werden dürfte; das ist nun leider wohl hier der Fall. Aber hat denn Lessing auch kein Stück für unsre arme Bühne mehr?"[16]

Wie recht die „Kaiserlich-privilegirte Hamburgische Neue Zeitung" mit dieser Einschätzung gehabt hat, zeigt sich bei der **Uraufführung durch die Döbbelinsche Truppe am 14.04.1783** in Berlin: Am dritten Spieltag wird das Stück vor fast leerem Haus gegeben; in der „Litteratur und Theater-Zeitung" vom 03.05.1783 liest sich der Misserfolg so:

---

16 Zitiert nach Düffel, S. 116.

3.1 Entstehung und Quellen

„Der erste Tag war dem Stücke günstig. Es herrschte eine feierliche Stille, man beklatschte jede rührende Situation, man munkelte allerseits von Göttlichkeiten, welche dieses Lehrgedicht belebten, man glaubte, unser Publikum werde das Haus stürmen, aber dies **Publikum blieb** bei der dritten Vorstellung Nathans beinahe ganz und gar **zu Hause**. Die Judenschaft, auf die man bei diesem Stücke sehr rechnen konnte, war, wie sie sich selbst verlauten ließ, zu bescheiden, eine Apologie anzuhören, die freilich nicht für die heutigen Juden geschrieben war, und so fanden sich nur sehr wenige, denen Nathan behagen wollte. Freilich hat das Stück wenig theatralisch – freilich ist's ein Miniaturgemälde, dessen Schönheiten in der Ferne ganz und gar verschwinden (…)."[17]

Fehlendes Publikum für ‚Apologie der Judenschaft'

Nach diesem halb verunglückten Start dauert es fast zwanzig Jahre, bis es 1801 zu weiteren Aufführungen in Magdeburg und Weimar (dort unter Schillers Regie) kommt.

Gattung

Der **klassische fünfaktige Aufbau** des Stücks mit Exposition, Entwicklung, Peripetie, Retardierung und Lösung/Katastrophe entspricht dem traditionellen Aufbau eines Dramas. Ebenso sind komische Elemente, z. B. die Gestalten Al-Hafis oder Dajas, genauso wie tragische Elemente, z. B. die Gefährdung Nathans durch den Patriarchen, enthalten.

Komödienhafte und tragische Züge

Die Gattungsbezeichnung **„Dramatisches Gedicht"** deutet jedoch darauf hin, dass das Werk sich **weder als Komödie noch als Tragödie** versteht. Im Mittelpunkt steht vielmehr die **märchenhafte Erzählung** von den drei Ringen, die, auf die Novelle Boccaccios zurückgehend, die moralische Botschaft entfaltet.

---

17 Zitiert nach Düfel, S. 117.

3.2 Inhaltsangabe

ZUSAMMEN-FASSUNG

Das Stück spielt in Jerusalem im Jahre 1192. Ein Tempelherr rettet Recha, die vermeintliche Tochter des Juden Nathan, aus ihrem brennenden Haus. Im weiteren Verlauf der Handlung wird die Bedeutung ethischer Haltungen eines allgemein guten Handelns jenseits religiöser Ideologisierung akzentuiert. Am Ende stellt sich heraus, dass die Hauptpersonen miteinander verwandt sind: Recha und der Tempelherr sind Geschwister, ihr Vater ist der Bruder Saladins und Sittahs. Diese überraschenden Verwandtschaftsverhältnisse bilden ein Symbol der Zusammengehörigkeit aller Menschen.

1. Aufzug

In der Exposition werden sämtliche Themenkomplexe des Stücks angeschnitten. Vor Beginn des Aufzugs hatte der Tempelherr Recha aus dem Feuer gerettet. Daja deutet bereits an, dass ihr Schützling lediglich die Pflegetochter Nathans ist. Der Tempelherr ist voller Vorurteile gegenüber Juden und lehnt eine aus Dankbarkeit ausgesprochene Einladung in das Haus Nathans ab.

Andeutung der Konfliktfelder

Rückkehr Nathans, Rettung Rechas (I, 1)

Der erste Auftritt spielt in **Nathans Haus in Jerusalem**. Der jüdische Kaufmann Nathan ist von einer Geschäftsreise aus Babylon zurückgekehrt und wird von der Christin Daja, der Gesellschafterin Rechas, mit der Nachricht vom **Brand des Hauses** empfangen. Bei diesem Brand wäre **Recha fast umgekommen**; ein Tempelherr, der selbst wenige Tage zuvor gefangen, zum Tode verurteilt und

3.2 Inhaltsangabe

vom Sultan Saladin begnadigt worden ist, hat sie aus den Flammen gerettet. Recha meint seither, von einem Engel errettet worden zu sein, da der Tempelherr, der verschwunden ist, ohne dass ihm hat gedankt werden können, ein weißes Gewand getragen hat. In der Szene wird durch Daja darauf angespielt, dass **Recha nicht die leibliche Tochter Nathans** ist.

Der Tempelherr als rettender Engel

Gespräch über Wunder (I, 2)

Recha tritt hinzu; sie ist davon überzeugt, von einem wirklichen Engel errettet worden zu sein. Auch Daja verteidigt den übersinnlichen Wunderglauben. Nathan hält dagegen, dass jeder Retter ihr in solcher lebensbedrohlicher Lage als Engel habe erscheinen müssen. Die Tatsache, dass der Tempelherr vom Sultan verschont worden sei, sei bereits Wunder genug. Nathan entlarvt den naiven **Wunderglauben als menschliche Eitelkeit** (vgl. V. 293–296). Es komme nicht darauf an, sich Gott näher zu fühlen (vgl. V. 291 f.), sondern gut zu handeln. Das gute Handeln könne man dem nicht mehr auffindbaren Tempelherrn zukommen lassen, der möglicherweise krank geworden ist. Recha beunruhigt dieser Gedanke; die Ablehnung des naiven Wunderglaubens zeigt, dass sie die Lektion Nathans gelernt hat.

Nathan als Lehrer und Erzieher

Gespräch Nathan – Al Hafi (I, 3)

Der Bettelmönch Al-Hafi, ein Freund und Schachpartner Nathans, berichtet von seiner Ernennung zum Schatzmeister des Sultans und bittet Nathan in dieser Eigenschaft um einen Kredit. Nathan meint, Al-Hafi könne als Derwisch stets mit der **Unterstützung Nathans** rechnen; als Schatzmeister des Saladin stelle sich die Bitte um Unterstützung allerdings anders dar. Al-Hafi äußert daraufhin den Wunsch, sein neues Amt sofort aufzugeben und zu seiner Gemeinde am Ganges zurückzukehren. Er wirft Saladin vor, gar nicht die Mittel zu haben, um allen Menschen Gutes tun zu können und

Der Derwisch als Schatzmeister des Sultans

3.2 Inhaltsangabe

sein **gutes Handeln** an einzelnen Menschen **auf Kosten der Unterdrückung** vieler zu ermöglichen (vgl. V. 480 ff.).

Der Tempelherr taucht wieder auf (I, 4)
Recha hat den Tempelherrn wieder gesehen. Daja kommt mit der Bitte Rechas zu Nathan, dieser möge ihn einladen. Nathan gibt den Auftrag an Daja weiter. Sollte der Tempelherr nicht in das Haus eines Juden kommen wollen, so solle sie ihn zumindest nicht aus den Augen verlieren, bis Nathan mit ihm gesprochen hat.

Gespräch Klosterbruder – Tempelherr (I, 5)
Der Patriarch hat dem Tempelherrn den Klosterbruder nachgeschickt mit dem Auftrag, ihn auszuhorchen. Diesen Auftrag offenbart der Klosterbruder ohne Weiteres. Der Tempelherr erzählt, wie er beim Angriff auf Tebnin – eine Stunde vor dem Ablauf des Waffenstillstands – in Gefangenschaft geraten und als Einziger von Saladin begnadigt worden sei. Seither habe er ein jüdisches Mädchen aus dem Feuer gerettet und Pilger auf dem Sinai herumgeführt. Der Klosterbruder übermittelt dem Tempelherrn den **Auftrag des Patriarchen**: Da der Tempelherr sich frei in der Stadt bewegen könne, könne er die Befestigungsanlagen auskundschaften. Außerdem solle er Saladin ermorden. Der Tempelherr lehnt diesen Auftrag ab mit der Begründung, dass er kein Spion, sondern Soldat sei (vgl. V. 656–658), und dass er Saladin sein Leben verdanke.

> Der Klosterbruder als widerwilliger Spion des Patriarchen

Tempelherr lehnt Einladung Dajas ab (I, 6)
Daja ist dem Tempelherrn während des Gesprächs mit dem Klosterbruder gefolgt und spricht ihn nach dessen Abgang an. Sie berichtet vom Reichtum Nathans und seiner Weisheit. Ihre eigene Lebensgeschichte – Daja ist die Witwe eines 1190 mit Friedrich I. ertrun-

> Dajas Lebensgeschichte

3.2 Inhaltsangabe

kenen Reitknechts – unterbricht der Tempelherr ungeduldig mit dem Hinweis auf ihre oftmalige Wiederholung. Auf die Einladung in Nathans Haus zu kommen reagiert der Tempelherr ablehnend; er wolle mit einem Juden nichts zu tun haben.

2. Aufzug

Im zweiten Aufzug werden die aufgeworfenen Themen weiter entwickelt: Der Tempelherr erkennt, dass er von Nathans Großherzigkeit lernen kann, und sucht dessen Freundschaft, Nathan fällt die Ähnlichkeit des Tempelherrn mit Wolf von Filnek auf. Die Finanzprobleme des Sultans werden offenbar; sie bilden den Anlass für Sittahs „Anschlag" auf Nathan, der zum Auslöser für das Religionsgespräch wird.

Annäherungen und ein weiteres Konfliktfeld

Saladin – Sittah: Freigebigkeit und politische Ziele des Sultans (II, 1)

Saladin und Sittah spielen Schach; **Saladins Freigebigkeit** zeigt sich darin, dass Sittah, wenn sie gewinnt, tausend Dinar bekommt, verliert sie, bekommt sie zum Trost das Doppelte. Saladin verliert, weil er mit seinen Gedanken nicht beim Spiel ist. Er möchte den Waffenstillstand gerne verlängern und plant eine Doppelhochzeit, die seine Familie mit der Familie des Richard Löwenherz von England verbinden würde. Sittah erkennt, dass es der „Stolz" (V. 868) der Christen ist, der einer Verwirklichung des Planes im Wege steht. Der Stolz zeigt sich darin, dass von christlicher Seite aus die Realisierung der geplanten Doppelhochzeit davon abhängig gemacht wird, dass Sittah und Melek sich taufen lassen. Saladin differenziert: Es seien nicht die Christen allgemein, sondern konkret die Tempelherren, die nicht auf Verständigung aus sind. Ihr Motiv ist der Verzicht auf die Herausgabe einer Mitgift, die bei einer Hochzeit zwischen Melek und einer Schwester Richards fällig würde. Am

Politische Heiratspläne und Religionskonflikte

3.2 Inhaltsangabe

Ende der Szene wird die prekäre finanzielle Situation herausgestellt, in der sich Saladin befindet.

Finanzprobleme Saladins (II, 2)

Al-Hafi tritt auf und erfährt, dass die erwarteten Gelder aus Ägypten nicht eingetroffen sind. Im Verlaufe des Gesprächs wird deutlich, dass Sittah nicht nur das bisher gewonnene Geld in der Kasse ihres Bruders hat stehen lassen, sondern dass sie auch die Hofhaltung aus ihrem Vermögen bestritten hat. Saladin ist stolz auf die **Bescheidenheit der Schwester**; er erkennt aber auch, dass er den Staatshaushalt nicht allein durch eigenen Verzicht sanieren kann. Er fordert seinen Schatzmeister auf, Geld zu leihen; dabei fällt ihm Nathan ein, der von Al-Hafi ehemals wegen seiner Weisheit und seines Reichtums gelobt worden ist. Al-Hafi deutet nicht an, dass er bereits bei diesem gewesen ist, und versichert Saladin, dass Nathan nicht bereit wäre, Geld zu borgen. Er lobt die Freigebigkeit seines Freundes, der vor allem Armen hilft, und das ohne Ansehen der Religionszugehörigkeit. Sittah stellt die Frage, ob Nathan nicht doch bereit wäre, Saladin Geld zu borgen. Al-Hafi bezweifelt das und geht ab unter dem Vorwand, es sei ihm ein anderer geiziger Reicher eingefallen, den er wegen eines Kredits angehen könnte.

Plan einer finanziellen Anleihe bei Nathan

Plan Sittahs (II, 3)

Sittah charakterisiert Nathan als einen reichen und weisen Mann und durchschaut Al-Hafis Versuch, das Interesse des Sultans von Nathan abzulenken. Sie ist entschlossen, sich Geld von ihm zu borgen, und entwickelt bereits einen Plan, wie sie den Juden dazu bringen kann, Saladin einen Kredit zu geben (vgl. V. 1144 f.).

Sittahs Einschätzung von Nathan

3.2 Inhaltsangabe

Recha wartet auf den Tempelherrn (II, 4)

Recha wartet voller Ungeduld auf die Ankunft des Tempelherrn. Nathan vermutet, dass Recha nicht nur Dankbarkeit, sondern auch **Zuneigung zum Tempelherrn** empfindet. Eine entsprechende Anspielung Nathans scheint Recha nicht zu verstehen. Der Tempelherr naht, Daja und Recha ziehen sich an ein Fenster zurück, von dem aus sie das Gespräch mit Nathan beobachten können.

Nathan und der Tempelherr schließen Freundschaft (II, 5)

Gang und Blick des Tempelherrn lösen in Nathan eine nicht genau bestimmbare Erinnerung aus. Er spricht ihn an, um ihm für die Rettung Rechas zu danken. Der Tempelherr entgegnet, er habe es aus Pflichtbewusstsein und aus Lebensüberdruss heraus getan, auch wenn es „nur" (V. 1218) das Leben einer Jüdin gewesen sei. Nathan nennt diese Haltung „groß und abscheulich" (V. 1221) und bietet ihm eine reiche Belohnung für die Rettung Rechas an. Der Tempelherr lehnt eine solche Belohnung ab und meint, dass er sich gegebenenfalls Mittel für einen neuen Mantel bei ihm leihen werde, da ein Stück seines Mantels angesengt worden sei. Nathan küsst den Brandfleck auf dem Mantel des Tempelherrn, seine Tränen erweichen den Tempelherrn und dieser beginnt, indem er Nathan mit seinem Namen anspricht, ihn nicht als Juden, sondern als Menschen zu sehen.

Die brüskierende Haltung des Tempelherrn

Der Tempelherr erkennt Nathans menschliche Überlegenheit

Nathan lobt den Tempelherrn dafür, dass er die Situation nicht ausgenutzt habe, um den Ruf Rechas zu schädigen. Auf den Einwand des Tempelherrn, dass der Ehrenkodex seines Ordens ein solches vorbildliches Verhalten verlange, entgegnet Nathan, dass es überall gute Menschen gebe, unabhängig von religiöser Zugehörigkeit. Er verneint jeden Absolutheitsanspruch, wenn er sagt: „Nur muss ein Gipfelchen sich nicht vermessen,/ Dass es allein der Erde nicht entschossen" (V. 1285 f.).

3.2 Inhaltsangabe

Kritik an der Intoleranz der großen Religionen

Der Tempelherr kritisiert daraufhin den Absolutheitsanspruch der drei monotheistischen Religionen. Nathan erkennt, dass es für den Tempelherrn wie für ihn selbst wichtiger ist, als Mensch unter Menschen zu leben; eine Bestimmung der Identität über die Religionszugehörigkeit lehnen beide ab, da sich beide ihr Volk und ihre Religionsgemeinschaft nicht ausgesucht haben. Diese **Seelenverwandtschaft** führt dazu, dass **Nathan und der Tempelherr Freundschaft** schließen.

Einladung zu Saladin (II, 6)
Daja kommt und meldet, dass Saladin dringend mit Nathan sprechen möchte.

Name des Tempelherrn (II, 7)
Der Tempelherr ist Saladin dankbar für die Begnadigung, Nathan verdankt ihm dadurch die Rettung Rechas. Diese Handlung Saladins verpflichtet Nathan zum Dienst, er ist wegen des Tempelherrn bereit, Saladins Befehl zu gehorchen. Am Ende des Gesprächs erfährt Nathan den Namen des Tempelherrn, er heißt **Curd von Stauffen**. Statur, Gang, Stimme und Gestik erinnern Nathan an seinen Freund, Wolf von Filnek. Er beschließt, den Grund für diese Ähnlichkeiten nach seinem Besuch bei Saladin zu erforschen.

Nathans Gefühl der Verpflichtung gegenüber Saladin

Daja – Nathan (II, 8)
Der Tempelherr wird Recha bald besuchen; Nathan bittet Daja, sie darauf vorzubereiten und seinen Plan nicht zu vereiteln.

Al Hafi – Nathan (II, 9)
Al-Hafi kommt, um sich von Nathan zu verabschieden. Er hat den Dienst beim Sultan verlassen und will zu seiner Glaubensgemeinschaft, den Ghebern, an den Ganges zurückkehren. Al-Hafi be-

3.2 Inhaltsangabe

richtet Nathan von der Freigebigkeit des Sultans, die den finanziellen Engpass verursacht hat. Am Beispiel der unnötigerweise verloren gegebenen Schachpartie gegen Sittah demonstriert Al-Hafi die **Uneigennützigkeit des Sultans**. Der hohe Geldbedarf zwingt den Schatzmeister dazu, Bittgänge zu möglichen Kreditgebern zu unternehmen. Da er für sich selbst nie geborgt hat, ist ihm seine Aufgabe so zuwider, dass er lieber aus dem Amt scheidet, um ein Leben in Bedürfnislosigkeit zu leben. Al-Hafi fordert Nathan auf, ihn an den Ganges zu begleiten; dort sei ein menschenwürdiges Leben möglich. Nathan entschließt sich zum Bleiben und „bürgt" (vgl. V. 1514) für Al-Hafis Abrechnung gegenüber dem Sultan.

Die Vorzüge eines bedürfnislosen Lebens

3. Aufzug

Im dritten Aufzug findet der Umschwung der Handlung statt: Daja deutet an, dass Recha Christin ist. Im Religionsgespräch wird die Frage nach der wahren Religion diskutiert und von Nathan mit der Ringparabel beantwortet. Der Tempelherr verliebt sich in Recha und missdeutet die Zurückhaltung, die Nathan angesichts dieser Wendung der Dinge ihm gegenüber an den Tag legt.

Umschwung der Handlung

Recha und Daja warten auf den Tempelherrn (III, 1)

Recha und Daja warten auf die Ankunft des Tempelherrn. Daja macht deutlich, dass sie mit dem Auftreten des Tempelherrn den Wunsch verbindet, dass dieser Recha und sie selbst mit nach Europa nimmt. Recha will dagegen in ihrem Vaterland bleiben. Sie lehnt eine Gottesvorstellung ab, in der für einen Gott gekämpft werden muss. **Selbstkritisch betrachtet Recha** rückblickend **ihre Schwärmerei** („Posse", V. 1579) nach der Rettung und lobt Nathan dafür, dass er „den Samen der Vernunft" (V. 1564) in sie gelegt hat.

Dajas Pläne

3.2 Inhaltsangabe

Begegnung von Recha und dem Tempelherrn (III, 2)

Recha will dem eintretenden Tempelherrn zu Füßen fallen; als dieser ihren Dank abwehrt, äußert sich Recha ironisch über die Pflichtethik des Templerordens, die den Einzelnen nur zum gefühllosen Mittel macht, zum „Wassereimer" (V. 1608) bzw. zu einem dressierten Hund (vgl. V. 1621). Der Tempelherr ist durch den Anblick Rechas so verwirrt, dass ihm kaum ein zusammenhängender Satz mehr gelingt. Unter dem Vorwand, er habe sich mit Nathan verabredet, verlässt er schnell den Raum.

Gefühlsverwirrungen

Rechas wiedergewonnene Ruhe (III, 3)

Recha macht sich Gedanken über den plötzlichen Aufbruch des Tempelherrn. Es ist ihr bewusst, dass er ihr immer wertvoll sein wird, auch wenn die erste Schwärmerei nun vorbei ist.

Saladin und Sittah warten auf Nathan (III, 4)

Saladin und Sittah erwarten die Ankunft Nathans. Saladin äußert seine Abneigung gegen den Plan, Nathan Fallen zu stellen. Sittah überredet ihn, ihren Plan zu unterstützen, da es auch Vergnügen bereite zu sehen, auf welche Weise ein weiser Mann sich aus einer solchen Falle rettet.

Saladins Unbehagen gegenüber Sittahs Plan

Saladin fragt nach der wahren Religion (III, 5)

Nathan tritt auf. Saladin spricht ihn zunächst auf seinen im Volk bekannten Beinamen „der Weise" an; Nathan versucht zu definieren, was unter dem Beinamen landläufig zu verstehen sein könnte und ob er ihm vom Volk nur aus Spott gegeben worden ist. Der Beiname würde dann so viel wie „eigennützig" (vgl. V. 1809) bedeuten. Für Saladin ist Nathan schon deshalb „weise", weil er über die Bedeutung des Wortes nachgedacht hat.

Nathans Beiname „der Weise"

3.2 Inhaltsangabe

Nathan missdeutet das Anliegen des Sultans. Zunächst geht er davon aus, dass Saldin ihn aus **geschäftlichen Interessen** heraus habe rufen lassen; dann meint er, der Sultan wolle Neuigkeiten über feindliche Aktivitäten in Erfahrung bringen, die Nathan auf seiner Reise bemerkt haben könnte. Der Sultan aber stellt die **Frage nach der wahren Religion** und gibt Nathan einige Minuten Bedenkzeit für die Formulierung der Antwort.

Nathans Ungewissheit, worauf Saladin hinauswill

Nathans Plan (III, 6)
Nathan bleibt für einige Momente allein und ist zunächst überrascht über die Frage des Sultans. Er ist sich der Falle, die ihm gestellt worden ist, bewusst, da jede Antwort ihm Schwierigkeiten bereiten wird. So beschließt er, dem Sultan mit einem **Märchen** zu antworten.

Die Ringparabel (III, 7)
Nathan erzählt Saladin die **Geschichte von den drei Ringen** und möchte, dass die „ganze Welt" (V. 1895) sie vernimmt:

Nathan erteilt Saladin eine Lehre

a) Ein Mann besitzt einen Ring, der seinen Träger vor Gott und Menschen „angenehm" (V. 1916) macht, wenn er in dieser Zuversicht getragen wird. Der Ring wird vererbt und bestimmt jeweils den am meisten geliebten Sohn zum Nachfolger als Herrscher.
b) Ein Nachfahre hat drei Söhne, die er alle in gleicher Weise liebt. Er lässt Kopien des Ringes anfertigen. Nach seinem Tode streiten sich die Söhne erfolglos um die Nachfolge.
c) Nathan überträgt die Frage nach der Unterscheidung der drei Ringe auf die Frage nach der richtigen Religion. Dem Einwand Saladins, man könne die Religionen sehr wohl unterscheiden, begegnet Nathan mit der Feststellung, dass die Herkunft der Religion jeweils „auf Treu und Glauben" (V. 1977 f.) von den eigenen Angehörigen angenommen werden müsse.

3.2 Inhaltsangabe

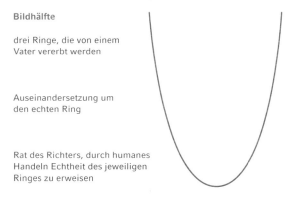

DIE RINGERZÄHLUNG LESSINGS ALS PARABEL

Bildhälfte	Sachhälfte
drei Ringe, die von einem Vater vererbt werden	gemeinsamer Ursprung aller Religionen, hier des Judentums, des Islam und des Christentums
Auseinandersetzung um den echten Ring	Zeit der Glaubenskriege, Kreuzzüge als militärischer Ausdruck des Kampfes um die rechte Religion
Rat des Richters, durch humanes Handeln Echtheit des jeweiligen Ringes zu erweisen	ethischer Appell an die religiöse Lebenspraxis: Toleranz und Mitmenschlichkeit

d) Nathan erzählt die Geschichte weiter: Die drei Brüder führen gegeneinander Klage vor einem Richter. Der Richter vermutet, dass der richtige Ring verloren gegangen sein könnte, da der Streit der drei zeige, dass die Kraft des Ringes nicht wirke.

Der kluge Rat des Richters

e) Der Richter gibt ihnen den Rat, sie mögen an die Kraft des eigenen Ringes glauben und diese durch eine tolerante, gottesfürchtige und humanistische Lebensführung erweisen. In einigen tausend Jahren werde ein weiserer Richter die Frage nach dem richtigen Ring beantworten können.

Saladin erkennt, dass er nicht der angesprochene Richter ist; er ist von Nathans Geschichte tief beeindruckt und **bittet ihn um seine Freundschaft**. Nathan bietet ihm einen Kredit an und erwähnt dabei den Tempelherrn und dessen lebensrettende Tat, die erst durch die Verschonung durch den Sultan möglich geworden ist. Saladin bittet den Tempelherrn zu sich.

3.2 Inhaltsangabe

Der Tempelherr liebt Recha (III, 8)

Der Tempelherr wartet auf Nathan. Er gesteht sich **seine Liebe zu Recha** ein. Den Konflikt mit seinem christlichen Ordensgelübde, den seine Liebe zu einem jüdischen Mädchen zur Folge haben kann, entscheidet er zugunsten Rechas. Er meint, Gefangenschaft, Verurteilung und Begnadigung hätten ihn zu einem neuen Menschen gemacht, für den das alte Ordensgelübde keine Bedeutung mehr habe. Wichtiger sei ihm nun die Meinung Nathans.

Die innere Wandlung des Tempelherrn

Der Tempelherr gesteht Nathan seine Liebe zu Recha (III, 9)

Der Tempelherr erklärt Nathan gegenüber seine Liebe zu Recha und den Wunsch, sie immer sehen zu dürfen. Nathan reagiert zurückhaltend und möchte genauere Informationen über die Familie des Tempelherrn. Es stellt sich heraus, dass Nathan den Vater des Tempelherrn, Conrad von Stauffen, gekannt hat. Der Tempelherr reagiert mit Bitterkeit auf die **Zurückhaltung Nathans**.

Rechas Herkunft wird offenbar (III, 10)

Der Tempelherr gesteht Daja seine Liebe zu Recha. Daja bittet ihn, Recha zur Frau zu nehmen und sie so auch „ewig" (V. 2297) zu retten. Daraufhin erzählt ihr der Tempelherr von der abweisenden Reaktion Nathans auf den **Heiratswunsch des Tempelherrn**. Daja verrät ihm, dass Recha eine Christin und nicht die Tochter Nathans ist. Der Tempelherr kritisiert Nathan, er habe Recha der angeborenen Religion, der „Stimme der Natur" (V. 2359) entzogen, und fällt damit in alte Denkweisen zurück. Schließlich bittet Daja ihn, er möge sie mit sich nehmen, wenn er mit Recha nach Europa zurückgeht.

Rechas christliche Herkunft

3.2 Inhaltsangabe

4. Aufzug

Im vierten Aufzug erkennt der Tempelherr den religiösen Fanatismus des Patriarchen. Sittah findet ein Bild Assads, das die frappierende Ähnlichkeit des Tempelherrn mit ihrem verstorbenen Bruder belegt. Der Sultan appelliert an die Humanität und Toleranz des Tempelherrn.

Religiöser Fanatismus und Humanität

Klosterbruder – Tempelherr (IV, 1)

Der Klosterbruder klagt darüber, dass er für den Patriarchen weltliche Angelegenheiten zu erledigen habe, während er doch der Welt entsagt habe. Er trifft den Tempelherrn und befürchtet, dieser habe sich für die **Annahme des bischöflichen Spionageauftrags** entschieden. Doch der Tempelherr beruhigt ihn mit der Aussage, er wolle sich nur einen Rat bei dem Patriarchen holen. Diesen Rat könne ihm auch der Klosterbruder geben; jener entzieht sich der Verantwortung mit dem Hinweis auf sein Ordensgelübde. Die Ankunft des Patriarchen unterbricht ihre Unterhaltung.

Der Tempelherr sucht Rat bei seinen Glaubensbrüdern

Tempelherr – Patriarch (IV, 2)

Gegenstand des Gesprächs zwischen dem Tempelherrn und dem Patriarchen ist die **Frage, ob ein Jude ein christliches Mädchen erziehen dürfe**. Der Patriarch verneint dies aufs Schärfste und fordert die **Todesstrafe für den Juden**, weil er das christliche Mädchen zur Apostasie, zum Abfall von Gott, verleitet habe. Auch die Einwände des Tempelherrn, dass das Mädchen ohne den Juden möglicherweise umgekommen wäre, dass der Jude das Mädchen ohne religiöse Bindung erzogen habe und dass Gott das Mädchen immer noch selig machen könne, wenn er es wolle, überzeugen den Patriarchen nicht. Seiner Meinung nach muss der Jude verbrannt werden.

3.2 Inhaltsangabe

Saladin – Sittah (IV, 3)
Das Geld Nathans wird in den Palast gebracht. Sittah überreicht Saladin ein Bild Assads. Sie will prüfen, wie groß die **Ähnlichkeit zwischen Assad und dem Tempelherrn ist**.

Tempelherr und Saladin schließen Freundschaft (IV, 4)
Zu Beginn seines Gesprächs mit dem Tempelherrn erwähnt Saladin die große Ähnlichkeit zwischen seinem Bruder Assad und dem Tempelherrn. Die **religiöse Toleranz Saladins** zeigt sich darin, dass er es ihm freistellt, „als Christ, als Muselmann" (V. 2684) bei ihm zu bleiben. Beide schließen Freundschaft, als Saladin aber nach Nathan fragt, reagiert der Tempelherr kalt und zurückhaltend und erzählt von seiner Liebe zu Recha und der vorläufigen Zurückweisung durch Nathan. Saladin wendet ein, dass er Verständnis für einen alten Mann haben solle. Daraufhin offenbart der Tempelherr die **Wahrheit über Rechas Herkunft** und unterstellt Nathan, er trachte danach, Christen zu Juden zu machen (vgl. V. 2768 ff.). In seinem Zorn über Nathan fällt der Tempelherr auf eine christlich-fundamentalistische Argumentationsebene zurück. Saladin macht ihn durch sein wiederholtes „Sei ruhig, Christ!" (V. 2783) darauf aufmerksam. Außerdem rät der Sultan ihm, sein Wissen für sich zu behalten; daraufhin gesteht der Tempelherr, „im Sturm der Leidenschaft" (V. 2807) bereits beim Patriarchen gewesen zu sein, dessen „Blutbegier" (V. 2804) ihn abgeschreckt habe. Am Ende der Szene steht die Zusage des Sultans, sich um die **Zusammenführung des Tempelherrn und Rechas** zu bemühen.

Gespräch über Nathan

Eingeständnis des unbedachten Schritts

Sittah – Saladin (IV, 5)
Sittah und Saladin vermuten aufgrund der Ähnlichkeiten, dass der **Tempelherr ein Sohn Assads** sein könnte, zumal sie Assads Vorliebe für „Christendamen" (V. 2832) gekannt haben. Beide wollen

3.2 Inhaltsangabe

eine Verbindung zwischen Recha und dem Tempelherrn ermöglichen; daher soll Recha an den Hof geholt werden.

Dajas Ungeduld (IV, 6)

Nathans schwierige Lage

Daja beschwört Nathan, Recha dem Tempelherrn zur Frau zu geben, damit diese als Christin unter Christen leben kann. Nathan entgegnet, der Tempelherr sei der richtige Mann für Recha; allerdings bittet er Daja noch um etwas Geduld.

Herkunft Rechas wird geklärt (IV, 7)

Es ist Nathan schmerzlich bewusst, dass das Bekanntwerden der Wahrheit über Rechas Herkunft zur Folge hat, dass er in Bezug auf seine Pflegetochter nicht mehr die Rechte eines Vaters ausüben kann. Der Klosterbruder erzählt Nathan von seinem Dienst beim Patriarchen und wie dieser ihn für Kundschaftertätigkeiten benutzt. So müsse er nun herausbekommen, welcher Jude ein christliches Kind erzogen habe, weil dem Patriarchen dieses Gerücht zu Ohren gekommen sei.

Das von Nathan und dem Klosterbruder geteilte Geheimnis

Die **Herkunft Rechas** wird offenbar: Als Reitknecht hat der Klosterbruder selbst 18 Jahre zuvor Nathan einen Säugling überbracht, dessen Mutter zuvor gestorben war und dessen Vater, Wolf von Filnek, das Kind wegen des Krieges nicht hat bei sich behalten können und kurz darauf ebenfalls gestorben ist. Der Klosterbruder sichert Nathan zu, ihn nicht zu verraten; nur durch die Erziehung durch Nathan habe Recha die notwendige Liebe erhalten.

Nathans Verlust seiner Familie

Nathan erzählt dem Klosterbruder daraufhin seine **eigene Geschichte**: Wenige Tage vor der Übergabe Rechas haben Christen seine Familie getötet; seine Frau und seine sieben Söhne sind im Haus des Bruders verbrannt (daher auch die Sorge um Recha im ersten Aufzug). Nathan habe sich daraufhin gegen Gott gewandt und allen Christen unversöhnlichen Hass geschworen. Nach drei Tagen

3.2 Inhaltsangabe

sei seine Vernunft allmählich zurückgekehrt und habe ihn zum **Weiterleben mit Gottvertrauen und Nächstenliebe** aufgefordert. In diesem Moment habe ihm der Klosterbruder Recha übergeben.

Wenn ihm nun jemand Recha wegnehmen wollte, so müsste dieser größere Rechte auf sie haben. Aus diesem Grunde möchte Nathan vom Klosterbruder Näheres über die Verwandten Rechas erfahren. Die Vermutung Nathans, dass ihr Onkel ein Conrad von Stauffen gewesen sei, kann der Klosterbruder vage bestätigen; ein **Gebetbuch**, das der Klosterbruder dem toten Wolf von Filnek abgenommen hat und das die Namen der Angehörigen enthält, soll Aufklärung bringen. Der Klosterbruder geht ab, um es zu holen.

Das wertvolle Familiendokument

Am Ende der Szene vermutet Nathan, dass Daja dem Patriarchen das Geheimnis um die Herkunft Rechas verraten hat.

Daja will Recha über ihre Herkunft aufklären (IV, 8)
Daja berichtet Nathan von der Einladung Rechas an den Hof des Sultans. Nathans Vermutung, sie sei beim Patriarchen gewesen, wird nicht bestätigt. Sie beschließt, Recha über ihre Herkunft aufzuklären, da sie als einzige Tochter eines reichen Juden auch für einen Moslem interessant sein könnte.

5. Aufzug
Im fünften Aufzug lösen sich die angelegten Konflikte: Die Geldnot des Sultans wird behoben. Der Tempelherr erkennt die Gefahr, in die er Nathan gebracht hat. Das Gebetbuch Wolfs von Filnek liefert den Beweis dafür, dass Recha und der Tempelherr Geschwister und darüber hinaus mit Saladin und Sittah verwandt sind.

Lösung der Konflikte

Geldnot Saladins ist beendet (V, 1)
Der lang ersehnte **Tribut aus Ägypten** trifft ein. Beispiele für edelmütiges Verhalten findet der Sultan in den Mamelucken: Der erste

3.2 Inhaltsangabe

Mameluck verzichtet auf eine Belohnung, weil Saladin sie ihm nicht ohne Aufforderung gibt, der zweite Mameluck wird die Belohnung mit einem gestürzten Freund teilen.

Saladin leitet das Geld weiter (V, 2)
Saladin beauftragt den Emir Mansor damit, den größten Teil des Geldes zu seinem Vater in den Libanon zu bringen, der es zur Kriegsfinanzierung benötigt (vgl. V. 661 ff.).

Selbstbestimmung und Selbstkritik des Tempelherrn (V, 3)
Der Tempelherr wartet vor Nathans Haus. Verbittert stellt er fest, dass seine Anwesenheit früher sofort bemerkt worden wäre. Er stellt sich die Frage, was der Grund für die Bitterkeit ist, die er gegenüber Nathan empfindet, und er erwägt, dass es christlicher Fundamentalismus sein könnte, der ihn gegen Nathan einnimmt. Rechas „wahrer" (V. 3249) Vater bleibe, so erkennt der Tempelherr, Nathan allein. Er erinnert sich an die Mahnung Saladins, nicht in christlichen Eifer zu verfallen, und er ruft sich selbst zu, zur Besinnung zu kommen (vgl. V. 3273). Er erkennt die Gefahr, in die sein unbedachtes Verhalten Nathan gebracht hat, als er ihn zusammen mit dem Klosterbruder aus dem Haus kommen sieht.

Erneute innerliche Annäherung an Nathan

Übergabe des Gebetbuches (V, 4)
Der Klosterbruder hat Nathan das **Gebetbuch von Rechas Vater** gegeben, aus dem die Abstammung Rechas ersichtlich wird. Er warnt Nathan vor dem Patriarchen und dem Tempelherrn, doch Nathan ist sich sicher, dass er seine Tat auch dann nicht bereuen würde, wenn er von dieser Seite Nachstellungen zu befürchten hätte. Der Klosterbruder teilt ihm auch mit, dass es der Tempelherr gewesen sei, der dem Patriarchen die Nachricht von dem unrechtmäßig aufgezogenen Christenkind gebracht habe. In einem Gebet

Warnungen des Klosterbruders

3.2 Inhaltsangabe

dankt Nathan Gott dafür, dass er nun den Sachverhalt um Rechas Herkunft nicht mehr geheim halten muss. Diese Geheimhaltung hat er selbst als Last empfunden.

Nathans Erleichterung

Tempelherr bittet um Nathans Zustimmung zur Heirat (V, 5)

Der Tempelherr erklärt Nathan die Gründe für seinen Gang zum Patriarchen: die **vertröstende Antwort Nathans** auf das Liebesgeständnis und die Offenbarung Dajas, dass Recha Christin sei. Der Tempelherr bereut es, den Patriarchen um Rat gebeten zu haben; allerdings habe ihn die menschenverachtende Reaktion des Bischofs zur Vernunft gebracht. Der Tempelherr bittet Nathan mehrmals darum, ihm Recha zur Frau zu geben. Nathan muss ihn erneut vertrösten, da des Tempelherrn Gang zum Patriarchen die Verwandtschaftsverhältnisse Rechas geklärt habe (der Klosterbruder hat Nathan daraufhin aufgesucht, um ihn zu warnen, dabei ist das Gespräch auf das Gebetbuch gekommen). Der Tempelherr wird aufgefordert, bei einem Bruder um Recha zu werben; der Ritter befürchtet, dass dieser christliche Bruder die wohlgelungene Erziehung Rechas durch Nathan zunichte machen könnte. Am Ende der Szene steht der Entschluss des Verliebten, Recha direkt mit seinem **Heiratsantrag** zu konfrontieren. Nathan und der Tempelherr machen sich in den Palast auf, wo sich Recha auf Einladung Sittahs aufhält.

Des Tempelherrn Offenheit und Reue

Nathans hinhaltende Reaktion

Recha hat Herkunft erfahren (V, 6)

Recha lobt im Gespräch mit Sittah die Erziehung ihres Vaters, der ihr das vermittelt habe, was sie nun wisse. Umso größer ist ihre Trauer, dass sie Nathan nun verlieren soll. Daja hat ihr auf dem Weg in den Palast erzählt, dass sie nicht das leibliche Kind Nathans ist, sondern aus einer christlichen Familie stammt. Während der Erzählung bricht Recha immer wieder vor Sittah zusammen.

Recha bei Sittah

3.2 Inhaltsangabe

Saladin beruhigt Recha (V, 7)

Rechas Angst, ihren Vater zu verlieren

Saladin tritt ein und bemüht sich darum, Recha zu beruhigen, die ihn bittet, ihr Nathan nicht wegzunehmen. Die Abstammung allein mache den Vater noch lange nicht aus, **Saladin bietet sich selbst als dritter Vater** an. Dann kommt ihm die Idee, Recha möge sich nach einem Ehemann umsehen. In diesem Moment werden Nathan und der Tempelherr gemeldet.

Die Lösung (V, 8)

Saladin will Nathan das geliehene Geld zurückgeben, doch Nathan will zunächst Recha trösten, die sich zu ihm als ihrem Vater bekennt. Der Tempelherr fasst das Bekenntnis als Ablehnung seiner Person auf und bittet den Sultan darum, sein Anliegen nicht mehr zu vertreten. Der Sultan nimmt den jungen Tempelherrn in Schutz, indem er sagt, dass gerade dem unüberlegten Handeln Recha ihr Leben zu verdanken habe. Sittah und Saladin ermuntern Recha, ihm ihre Liebe zu gestehen. Nathan greift ein mit dem Hinweis, dass vor einer Verbindung zunächst der Bruder gehört werden müsse, und legt die Familiengeschichte des Tempelherrn und Rechas offen: Der Tempelherr hat seinen Namen, Curd von Stauffen, von dem Bruder seiner Mutter, der ihn erzogen hat. In Wirklichkeit heißt er **Leu von Filnek** und ist somit der **Bruder Rechas**, die in Wirklichkeit Blanda von Filnek heißt. Der Vater, Wolf von Filnek, ist jener Assad, der Bruder von Saladin und Sittah, der zum Christentum konvertiert ist und mit einer Deutschen verheiratet gewesen ist. Saladin erkennt Assads Handschrift in dem Gebetbuch, das der Klosterbruder beim gefallenen Assad entdeckt hat.

Die Enttäuschung des Tempelherrn

Klärung der Verwandtschaftsverhältnisse

Vereinigung in *einer* Familie

Nach anfänglichem Zögern ist auch der Tempelherr glücklich über die neu gewonnene Familie und das **Stück endet in wechselseitigen Umarmungen**.

3.3 Aufbau

Die Grundstruktur der Handlung

III. Aufzug
Peripetie
Der Tempelherr verliebt sich in Recha.
Frage nach der wahren Religion.

II. Aufzug
Entwicklung/Steigerung
Erste Vermutungen
über die verwandt-
schaftlichen
Zusammenhänge.

IV. Aufzug
Retardation/Krise
Gefahr des Scheiterns des
Toleranzgedankens.
Besuch des Tempelherrn
beim Patriarchen.

Das klassische Dramendreieck

I. Aufzug
Exposition
Alle vier Themenkomplexe
werden eingeführt.

V. Aufzug
Lösung
Verwandtschaftsverhältnisse
werden geklärt, „Mensch-
heitsfamilie" im Lichte von
Humanität und Toleranz.

Vorgeschichte:
Nathan nimmt Recha auf und erzieht sie.
Saladin begnadigt den Tempelherrn.
Der Tempelherr rettet Recha.

3.3 Aufbau

Thematische Struktur der Aufzüge

Insgesamt vier Themenkomplexe werden durch das gesamte Drama hindurch behandelt. In den folgenden Übersichten wird jeweils die Struktur der einzelnen Themenkomplexe abgebildet. Diese Themenkomplexe sind: Herkunft, Wahrheit/Religion/Humanität, „Erziehung" des Tempelherrn, Saladins Geldnot.

Themenkomplex 1: Herkunft

I. Aufzug	Exposition	Daja deutet an, dass Recha die Pflegetochter Nathans ist (I, 1 und I, 4).
II. Aufzug	Entwicklung/ Steigerung	Nathan erfährt den Namen des Tempelherrn, Curd von Stauffen. Ihm fällt Ähnlichkeit mit Wolf von Filnek auf (II, 7).
III. Aufzug	Peripetie	Andeutung Dajas: Rechas Heimat ist Europa (III, 1). Der Vater des Tempelherrn ist Conrad von Stauffen, den Nathan gekannt hat (III, 9). Recha ist Christin (III, 10).
IV. Aufzug	Retardation/ Krise	Sittah findet ein Bild Assads (IV, 3). Der Tempelherr gleicht Assad sowohl im Aussehen als auch in Charakterzügen (IV, 4). Der Tempelherr könnte Sohn Assads sein wegen dessen Vorliebe für „Christendamen" (IV, 5). Rechas Vater ist Wolf von Filnek, ihr Onkel vermutlich Conrad von Stauffen (IV, 7).
V. Aufzug	Lösung	Das Gebetbuch des gefallenen Ritters Wolf von Filnek, Rechas Vater, liefert Nathan den Beweis für die Abstammung Rechas (V, 4). Recha erfährt von Daja, dass sie Christin ist (V, 6). Der Tempelherr und Recha sind Geschwister, ihr Vater ist der Bruder Saladins und Sittahs (V, 8).

3.3 Aufbau

Themenkomplex 2: Wahrheit/Religion/Humanität

I. Aufzug	Exposition	Es ist leichter zu schwärmen, als Gutes zu tun (I, 2).
II. Aufzug	Entwicklung/ Steigerung	Der Tempelherr erkennt Nathans liberalen Humanitätsgedanken (II, 5).
III. Aufzug	Peripetie	Die Frage nach der wahren Religion wird aufgeworfen (III, 5). Ethischer Appell an die Religionen in der Ringparabel (III, 7).
IV. Aufzug	Retardation/ Krise	Saladin appelliert an den Tempelherrn, der Intoleranz anderer Religionen nicht eigene Intoleranz entgegenzusetzen (IV, 4). Nach der Vernichtung seiner Familie lernt Nathan von neuem Mitmenschlichkeit (IV, 7).
V. Aufzug	Lösung	Aufdeckung der Verwandtschaftsverhältnisse als Hinweis auf die Zusammengehörigkeit aller Menschen (V. Aufzug).

Themenkomplex 3: „Erziehung" des Tempelherrn

I. Aufzug	Exposition	Der Tempelherr lehnt Einladung Dajas ab und äußert Vorurteile gegenüber Juden (I, 6).
II. Aufzug	Entwicklung/ Steigerung	Der Tempelherr erkennt Nathans liberalen Humanitätsgedanken, seine Vorurteile gegenüber Nathan verschwinden zunächst (II, 5).
III. Aufzug	Peripetie	Der Tempelherr verliebt sich in Recha, er entsagt seinen Ordenspflichten (vgl. III, 2 und 8). Nathans Zurückhaltung und seine Vertröstung lassen ihn in III, 10 in alte Denkweisen zurückfallen.
IV. Aufzug	Retardation/ Krise	Der Tempelherr trägt dem Patriarchen den Fall vor, er erkennt die Inhumanität und den Machtanspruch des religiösen Eiferers (IV, 2). Der Tempelherr klagt Nathan vor Saladin an und verfällt in intoleranten Fundamentalismus, den ihm Saladin bewusst macht (IV, 4).

3.3 Aufbau

V. Aufzug	Lösung	Der Tempelherr besinnt sich und erkennt die Gefahr, in die er Nathan durch seinen Besuch beim Patriarchen gebracht hat. Er wendet sich gegen christliches Eifertum (V, 3) und gesteht Nathan den Gang zum Patriarchen (V, 5). Er würde sogar Muslim werden, um Recha zu heiraten.

Themenkomplex 4: Saladins Geldnot

I. Aufzug	Exposition	Al-Hafi warnt Nathan vor einer Kreditanfrage des Sultans (I, 3).
II. Aufzug	Entwicklung/ Steigerung	Die Finanzprobleme des Sultans werden offenbar (vgl. II, 1 und II, 2). Plan Sittahs, durch einen „Anschlag" von Nathan einen Kredit zu bekommen (II, 3).
III. Aufzug	Peripetie	Nathan bietet Saladin von sich aus einen Kredit an (III, 7).
IV. Aufzug	Retardation/ Krise	Das Geld Nathans wird in den Palast gebracht (IV, 3).
V. Aufzug	Lösung	Die Geldnot Saladins wird durch das Eintreffen des Tributes aus Ägypten beendet (V, 1).

3.4 Personenkonstellation und Charakteristiken

In dem „dramatischen Gedicht" *Nathan der Weise* treten viele Personen auf; sie gruppieren sich um die vier Themenkomplexe („Herkunft", „Wahrheit/Religion/Humanität", „Erziehung des Tempelherrn", „Saladins Geldnot").
Wir behandeln alle Personen mit ihren charakteristischen Merkmalen. Die zentralen Figuren sind Nathan, Saladin, der Tempelherr und der Patriarch:

Nathan:
→ Beispiel für gelebte Toleranz und Humanität
→ glaubt an das Gute im Menschen
→ vorbildhaft in seiner Lebensführung

Saladin:
→ Beispiel für einen aufgeklärten Herrscher
→ Bekenntnis zu Humanität und Toleranz
→ Erzieher des Tempelherrn

Tempelherr:
→ ritterliche, aber auch vorurteilsvolle Grundeinstellung
→ Verkörperung des lernfähigen Menschen

Patriarch:
→ intriganter Kirchenpolitiker
→ intoleranter Ideologe

ZUSAMMEN-
FASSUNG

3.4 Personenkonstellation und Charakteristiken

Personenkonstellation

Freundschaft

Verwandtschaft

- Klosterbruder
- Al-Hafi
- Nathan
- Daja

- Saladin
- Sittah
- Recha
- Tempelherr

Patriarch ⇄ **Feindschaft**

3.4 Personenkonstellation und Charakteristiken

Verwandtschaftsverhältnisse

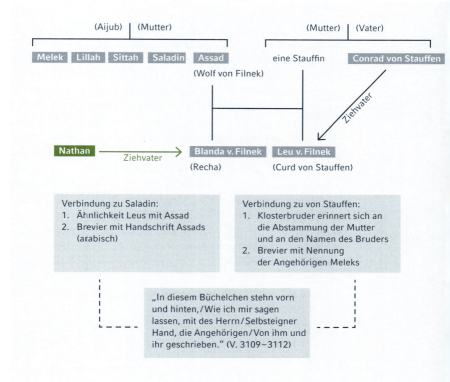

3.4 Personenkonstellation und Charakteristiken

Nathan

Der Jude Nathan tritt in den Szenen I, 1–4, II, 4–9, III, 5–9, IV, 6–8, V, 4 f. und V, 8 auf.

Nathan, der als **reicher Kaufmann und als Menschenfreund** in Jerusalem ein hohes Ansehen genießt, setzt seinen durch Geschäftstüchtigkeit (vgl. I, 1 und I, 6) erworbenen Reichtum zum Wohle bedürftiger Mitmenschen und ohne Ansehen der jeweiligen religiösen Überzeugung ein. Vom Volk wird er als „weise" (vgl. V. 1800) bezeichnet, Sittah formuliert in II, 3 das allgemeine positive Urteil über den Juden, das ihn als edel, klug, vorurteilsfrei charakterisiert. Daja lobt seine „Großmut" (V. 55), Al-Hafi hebt seine Freigebigkeit gegenüber Armen hervor, wobei Nathan keinen Unterschied in der Religionszugehörigkeit macht (vgl. V. 1066–1070).

Nathans allgemein guter Ruf

Dem Klosterbruder gegenüber offenbart Nathan einen Teil seiner **Lebensgeschichte**: Seine Familie ist 18 Jahre vor den im Drama beschriebenen Ereignissen von Christen getötet worden. Er selbst habe in der Phase der Trauer an Gottes Gerechtigkeit gezweifelt und den Christen unversöhnlichen Hass geschworen (vgl. V. 3050 f.), bis seine Vernunft langsam wieder von ihm Besitz ergriffen habe (vgl. V. 3052). Die Übergabe Rechas durch den Klosterbruder habe er schließlich als einen göttlichen Auftrag verstanden (vgl. V. 3053 ff.).

Recha als Geschenk und Zeichen Gottes

In den Gesprächen mit Recha, Daja, dem Tempelherrn und dem Sultan legt Nathan seine Vorstellung von **religiöser Toleranz** dar. Er glaubt an das durch die Wirkung des Verstandes in jedem Menschen hervorzubringende Gute, das zu wahrer Humanität befähigt, die sich im praktischen Tun erweist (vgl. V. 1271–1274 und III, 7). Dieser Glaube macht ihn zum Erzieher Rechas, des Sultans und des Tempelherrn.

Nathan als Erzieher

Nathan erzieht Recha dazu, ihren Verstand bei der Bewältigung der Alltagsprobleme zu gebrauchen. Besonders in I, 2 erkennt man,

3.4 Personenkonstellation und Charakteristiken

wie Nathan die **rationale Erklärung als ‚Medizin' gegen naiven Wunderglauben** einsetzt. Recha hat diese Erziehung nicht als „kalte Buchgelehrsamkeit" (V. 3534) erfahren, sondern aus dem Munde und am Beispiel Nathans: „So lernt / Mit eins die ganze Seele" (V. 3541 f.).

Nathan wirkt als **Erzieher des Sultans**: Die Ringparabel führt Saladin zur Erkenntnis, dass er nicht über die Weisheit verfügt, die Fragen nach der wahren Religion zu entscheiden (vgl. V. 2057 f.). Er erkennt die Lehre der Ringparabel (vgl. V. 2041–2047) und die Betonung der Bewährung des Glaubens im praktischen Handeln. Sein Optimismus, dass gutes Handeln weitere gute Taten zur Folge hat (vgl. 2104–2106), verbindet ihn mit **Nathans Glaube an das Gute im Menschen**, das zu gutem Handeln befähigt: „Es eifre jeder seiner unbestochnen / Von Vorurteilen freien Liebe nach! / Es strebe von euch jeder um die Wette, / Die Kraft des Steins in seinem Ring' an Tag / Zu legen! komme dieser Kraft mit Sanftmut, / Mit herzlicher Verträglichkeit. mit Wohltun, / Mit innigster Ergebenheit in Gott / Zu Hülf'!"(V. 2041–2048).

Die Ringparabel

Nathan legt als Erzieher des Tempelherrn dessen guten Kern frei. Sein Optimismus und seine Geduld werden in II, 5 belohnt, als er den Tempelherrn von einer Position der Verachtung der Juden (vgl. V. 1239 ff.) und einer Ethik bloßer Pflichterfüllung (vgl. V. 1213–1216) hin zu Freundschaft und wahrer Humanität bringt: „Sind Christ und Jude eher Christ und Jude, / Als Mensch? Ah! wenn ich einen mehr in Euch / Gefunden hätte, dem es g'nügt, ein Mensch / Zu heißen!" (V. 1310–1313).

Umgang mit dem Tempelherrn

Nathan ist als Hauptfigur und Namensgeber nicht nur der **Träger des ideellen Kerns** des Dramas, er führt durch die Entdeckung der verwandtschaftlichen Beziehungen auch die Lösung des Spannungsknotens herbei (vgl. V, 5).

Nathan als Stifter des Happy Ends

3.4 Personenkonstellation und Charakteristiken

Saladin

Saladin tritt in II, 1–3, III, 4 f., III, 7, IV, 3 f., V, 1 f., V, 7 f. auf. Die literarische Figur des Sultan Saladin, deren historisches Vorbild 1192 den Waffenstillstand mit Richard Löwenherz aushandelt, bietet ein zum Teil **widersprüchliches Charakterbild**. So befiehlt er die Hinrichtung der gefangenen Tempelherren, einen von ihnen begnadigt er aber aus persönlichen Gründen. Trotz der angespannten Haushaltslage ist er großzügig gegenüber Sittah und Notleidenden (vgl. V. 810–813). In seinen eigenen Ansprüchen ist er bescheiden: „Ein Kleid, Ein Schwert, Ein Pferd, – und Einen Gott! / Was brauch ich mehr?" (V. 990 f.).

Gefühle statt Grundsätze

Bereits im zweiten Aufzug wird seine **humane Grundeinstellung** erkennbar, wenn er den Waffenstillstand verlängern möchte und die dogmatische Intoleranz der Christen verurteilt (vgl. V. 868 ff.). Er muss erkennen, dass seine Vision einer religionsübergreifenden Verbindung seiner Familie mit der Richards realitätsfremd ist.

Unter dem Einfluss seiner Schwester

Er lässt sich von Sittah dazu überreden, seine Finanzprobleme durch einen Kredit bei Nathan zu lösen und diesem eine Falle zu stellen (vgl. II, 3). Dass er die Anwendung einer List für wenig ehrenhaft hält und erst Sittahs nachdrückliches Beharren ihn dazu bringt, sie auszuführen, zeigt der Dialog in III, 5.

Saladin ist von Nathans Ringerzählung beeindruckt (vgl. V. 1991 f.), ihrem Humanitätsappell kann er aus ganzem Herzen zustimmen (vgl. V. 2028), die Frage, ob er die Entscheidung über die wahre Religion treffen könnte, bewirkt Betroffenheit in ihm (vgl. V. 2056). Seine **Freundschaft mit Nathan**, um die er in V. 2060 bittet, ist das Ergebnis eines Entwicklungsprozesses, in dessen Verlauf

Offen für gute Lehren

auch seine humane Grundeinstellung über die Störungen durch vorurteilsbeladenes Denken siegt. Ein Beispiel für diese Entwicklung lässt sich in der gewählten Anrede Nathans nachweisen: Zu Beginn des Gespräches nennt er ihn nur „Jude" (vgl. z. B. V. 1821), nach

3.4 Personenkonstellation und Charakteristiken

der Erschütterung durch die Lehre der Ringparabel nennt er ihn mit seinem Namen: „Nathan, lieber Nathan!" (V. 2057).

Das **Bekenntnis zu Humanität und Toleranz** macht Saladin neben Nathan zu einem wichtigen **Erzieher des Tempelherrn**, dessen Rückfall in vorurteilsbeladenes Denken er in V. 2783 und öfter deutlich kritisiert. Durch die willkürliche Verschonung des Tempelherrn in der Vorgeschichte ermöglicht er überhaupt erst die Zusammenführung der Familie am Ende des Dramas.

Ungelöst bleibt indes die **Frage nach der Vereinbarkeit einer menschenfreundlichen Grundeinstellung mit den Erfordernissen des politischen Tagesgeschäftes** eines Regenten. Saladin erfährt die Schwierigkeiten der Vermittlung beider Positionen, als seine finanziellen Probleme ihn zu dem ‚schlechten' Mittel einer List greifen lassen. Ob sich die neu definierte humane Grundeinstellung des Sultans in der Zukunft bei politischen Problemen bewährt, bleibt nach dem glücklichen Ende als Frage offen.[18]

Oliver Nägele als Saladin und Rudolf Wessely als Nathan in einer Aufführung im Münchner Residenztheater aus dem Jahre 2003 (Regie: Elmar Goerden). © Thomas Dashuber, München

Wollen und Müssen

---

18 Vgl. zur Kritik des Sultans auch die Charakterisierung von Gerhard Bauer im Materialienteil auf S. 115–119.

3.4 Personenkonstellation und Charakteristiken

Tempelherr

Der Tempelherr tritt in I, 5 f., II, 5, II, 7, III, 2, III, 8–10, IV, 2, IV, 4, V, 3, V, 5, V, 8 auf. Sein Vater ist Assad, der Bruder Saladins, erzogen wird er von Conrad von Stauffen, einem Bruder seiner Mutter, dessen Namen er erhält. Die verkürzte Form von Conrad, Curd, geht auf türk. „kurt" zurück, was „Wolf" bedeutet. Seinen eigentlichen Namen, Leu von Filnek, erfährt er am Ende des Dramas von Nathan.

Leu gehört dem **Orden der Tempelherren** an und nimmt in der Eigenschaft als Streiter Gottes am Kreuzzug teil. Nach der Zurückschlagung des Angriffs der Tempelherren – dies ist ein Bruch des Waffenstillstandsvertrags – wird er von Saladin wegen der Ähnlichkeit mit Assad als Einziger begnadigt, die anderen gefangenen Ritter werden hingerichtet. Für den Tempelherrn ist dies der Beginn eines Lebens mit einer neuen Identität. In III, 8 erkennt er, dass das Ereignis sein Denken verändert hat: „Ich hab in dem gelobten Lande (...) / Der Vorurteile mehr schon abgelegt. – / Was will mein Orden auch? Ich Tempelherr / Bin tot; war von dem Augenblick ihm tot, / Der mich zu Saladins Gefangnen machte. / Der Kopf, den Saladin mir schenkte, wär / Mein alter? – Ist ein neuer; der von allem / Nichts weiß, was jenem eingeplaudert ward, / Was jenen band. – Und ist ein bessrer; für / Den väterlichen Himmel mehr gemacht" (V. 2132–2142). Im Drama stellt der Tempelherr einen sich entwickelnden, lernfähigen Charakter dar, dessen von **Humanität bestimmtes Denken** seines neuen Lebens durch Rückfälle in altes, vorurteilsbelastetes Denken gefährdet scheint.

Thomas Langhoff als Tempelherr und Otto Mellis als Nathan in Friedo Solters Inszenierung am Deutschen Theater Berlin aus dem Jahre 1990.
© ullstein bild – Steinfeldt

3.4 Personenkonstellation und Charakteristiken

Dass es seinem **ritterlichen Ehrverständnis** widerspricht, sich für Spionagetätigkeiten herzugeben statt für die christliche Sache zu kämpfen, wird in seiner Reaktion auf die Bitte des Patriarchen in I, 5 erkennbar. Leu lässt sich zu keiner Handlung bewegen, die gegen seine innere Überzeugung spricht, auch wenn der Befehl vom Orden oder gar von Gott selbst käme (vgl. V. 684 f.).

<small>Selbstständige moralische Maßstäbe</small>

Diesem positiven Charakterzug stehen auf der anderen Seite **religiös bedingte Vorurteile** gegenüber: So rettet er zwar das vermeintlich jüdische Mädchen Recha aus den Flammen, Dank will er dafür jedoch nicht, noch viel weniger will er eine Einladung Nathans annehmen, „er kömmt zu keinem Juden" (V. 528). Sein Pauschalurteil „Jud' ist Jude" (V. 777) zeugt von der Verachtung des jüdischen Glaubens. In seiner Begründung für die Verachtung bezieht er im Gespräch mit Nathan die anderen monotheistischen Religionen mit ein, die ihren Absolutheitsanspruch vom Judentum übernommen hätten: „Wie? wenn ich dieses Volk nun, zwar nicht hasste, / Doch wegen seines Stolzes zu verachten, / Mich nicht entbrechen könnte? Seines Stolzes; / Den es auf Christ und Muselmann vererbte, / Nur sein Gott sei der rechte Gott!" (V. 1291–1295).

<small>Anfängliche Grobheit aus Borniertheit</small>

Nathan deckt die **Widersprüche in Handlung und Rede des Tempelherrn** auf, wenn er auf dessen Antwort, er habe Recha aus Pflichtdenken und Lebensüberdruss (vgl. V. 1210 ff.) heraus gerettet – besonders den Lebensüberdruss gibt er als Grund dafür an, sein Leben für die Rettung eines anderen einzusetzen, „(…) wenn's auch nur / Das Leben einer Jüdin wäre" (V. 1219 f.), – als „groß und abscheulich" (V. 1221) bewertet. Den „guten Kern" (vgl. V. 1197) des Tempelherrn legt Nathan durch sein Bekenntnis zu einer religionsunabhängigen Humanität frei (vgl. V. 1274 f.); auf seine Hoffnung: „Ah! wenn ich einen mehr in Euch / Gefunden hätte, dem es g'nügt, ein Mensch / Zu heißen!" (V. 1311–1313), bittet der Tempel-

<small>Nathans Einfühlung und Geschick als Erzieher</small>

3.4 Personenkonstellation und Charakteristiken

Bereitschaft zum Umdenken

herr um Verzeihung, Nathan „(...) einen Augenblick verkannt zu haben" (V. 1315). Auf dem gemeinsamen **Bekenntnis zu Humanität und Toleranz** gründet sich ihr Wunsch Freundschaft zu schließen.

Liebe zu Recha

Der Tempelherr verliebt sich in Recha, dies führt zu einem **Gewissenskonflikt mit den Feindbildern und Keuschheitsregeln** seines Ordens: Auf der einen Seite ist die Verbindung mit einer Jüdin für einen Christen völlig undenkbar, auf der anderen Seite widerspricht sie dem Keuschheitsgelübde der Tempelherren (vgl. III, 8). Leu entscheidet sich für die Liebe zu Recha, da er davon ausgeht, dass die alten Regeln für sein neues Leben nicht mehr gültig seien (vgl. V. 2139 f.).

Zweifel an Nathan

Die als Zurückweisung empfundene Vertröstung durch seine neue Familie – Leu nennt Nathan „Vater" (V. 2178) – und die Wahrheit über Rechas christliche Abstammung lassen ihn jedoch an Nathans Ehrlichkeit und an den Werten seines neuen Lebens zweifeln. Der Rat, den er in dieser Lage bei einem Vertreter seiner alten Glaubensfamilie, dem Patriarchen, einholt, kann seine neu gewonnene Überzeugung aber nicht mehr ins Wanken bringen. Er durchschaut die radikale dogmatische Intoleranz des Bischofs: „Schade, dass ich nicht / Den trefflichen Sermon mit bessrer Muße / Genießen kann!" (V. 2583–2585) und gibt den Namen Nathans nicht preis.

Ermahnung und Unterstützung durch Saladin

Im Gespräch mit Saladin, bei dem der Tempelherr anschließend Rat sucht, bewertet er seinen Gang zum Patriarchen als Ausdruck von „Leidenschaft" (V. 2807) und „Unentschlossenheit" (V. 2808). Als das Gespräch auf Recha und Nathan kommt, fällt der Tempelherr erneut in sein altes vorurteilsbeladenes Denken zurück und muss sich dafür vom Sultan zurechtweisen lassen (vgl. V. 2783). Saladin will zwischen beiden vermitteln und verspricht Leu seine Hilfe beim Zustandekommen der Verbindung mit Recha.

In V, 3 kommt Leu zur Einsicht, dass seine eigene Raserei Nathan in große Gefahr bringen kann, und ihm wird bewusst, dass

3.4 Personenkonstellation und Charakteristiken

Rechas „wahrer Vater" (V. 3249) Nathan bleibt. In dem folgenden Dialog verständigt er sich zwar mit Nathan, indem er die Gründe für den Gang zum Patriarchen darlegt, auf der anderen Seite wird seine Bitte um die Hand Rechas erneut zurückgewiesen durch den Hinweis auf einen Bruder, der über die Werbung entscheiden müsse. Rechas Bekenntnis zur Liebe zu ihrem Ziehvater interpretiert er als weitere Zurückweisung – „Nun! so hab ich mich betrogen" (V. 3709) –, und der Rückfall in sein altes Denken ist vorgezeichnet. Mit großer Bitterkeit bezichtigt er Nathan des Betrugs: „Er hat / Ihr einen Vater aufgebunden: – wird / Er keinen Bruder für sie finden?" (V. 3753–3756). Für diesen Vorwurf wird er von Saladin hart getadelt (vgl. V. 3756–3759). Dass Recha seine Schwester sein soll, kann Leu zunächst nicht fassen; schließlich ist er Nathan dankbar: „Ihr nehmt und gebt mir, Nathan! / Mit vollen Händen beides! – Nein! Ihr gebt / Mir mehr, als Ihr mir nehmt! unendlich mehr!" (V. 3803–3805). Der Tempelherr findet am Ende die Familie, die seinem neuen Denken entspricht. Seine Figur, die sich immer wieder von Leidenschaft beeinflussen lässt und in altes, vorurteilsbeladenes Denken zurückfällt, zeigt, dass eine **humane Lebenseinstellung mühsam** erlernt werden muss und dass dieser **Lernprozess** ständig in Gefahr ist zu scheitern.

Anhaltende Impulsivität und Kränkbarkeit

Versöhnlichkeit und Dankbarkeit

Patriarch

Der Patriarch, der Bischof von Jerusalem, tritt nur in einer Szene des Dramas auf, nämlich in IV, 2, seine Pläne führen allerdings zu zwei Auftritten des von ihm geschickten Klosterbruders in I, 5 und IV, 7.

Er wird als **machtbewusster und autoritärer Kirchenpolitiker** eingeführt. In seinem Auftrag soll der Klosterbruder in I, 5 den Tempelherrn bitten, die Befestigungsanlagen der Stadt auszukundschaften und Saladin gefangen zu setzen oder ihm „den Garaus"

Bemühung, den Tempelherrn als Spion zu gewinnen

3.4 Personenkonstellation und Charakteristiken

(V. 671) zu machen, weil er ein Feind der Christen sei: „Ein Feind der Christenheit, der Euer Freund / Zu sein, kein Recht erwerben könne" (V. 691 f.). Das Ziel des Patriarchen ist es, die Pläne Saladins, die auf eine Verlängerung des Waffenstillstandes und einen Friedensschluss abzielen, zu unterlaufen.

Das Gespräch mit dem Tempelherrn gibt näheren Aufschluss über den Charakter des Patriarchen: So beansprucht er die **Unfehlbarkeit der bischöflichen Aussagen** (vgl. V. 2480 ff.), die nicht mit Hilfe der Vernunft bewertet werden dürften (vgl. V. 2487–2490). Die humane Handlung eines Juden, ein christliches Waisenkind aufzuziehen, wird von ihm ohne Einschränkung als „Apostasie" (V. 2537) bezeichnet, für die der Jude hinzurichten sei. Als der Tempelherr den Namen des Juden nicht preisgeben will, droht der Patriarch mit der weltlichen Macht des Saladin und gibt schließlich klein bei, als ihm der Tempelherr vom bevorstehenden Besuch beim Sultan erzählt. Nach dem Abgang Leus beauftragt er den Klosterbruder damit, den Namen des besagten Juden in Erfahrung zu bringen.

Uneingeschränkter Machtanspruch und fehlende Menschlichkeit

Der Patriarch ist diejenige Figur, der alle **Abneigung der Leser** bzw. der Zuschauer gilt. Sein Amt als christlicher Bischof missbraucht er als **Machtinstrument**, von tiefer religiöser Durchdringung im Lichte christlicher Nächstenliebe ist bei ihm nichts zu spüren.

Karikatur von Lessings Gegner im Fragmenten-Streit

Dass Lessing den Patriarchen als eine **Karikatur** seines Hauptgegners im Fragmenten-Streit, des Hamburger **Hauptpastors Goeze**, entworfen hat, lässt sich aus dem Hinweis auf das Theater erschließen, den er dem Patriarchen in den Mund legt und der an den Rat Goezes erinnert, Lessing möge sich doch seiner eigentlichen Profession, dem Dichten von Theaterstücken widmen: „Ich will den Herrn damit auf das Theater / Verwiesen haben, wo dergleichen pro / Et contra sich mit vielem Beifall könnte / Behandeln lassen" (V. 2522–2525).

3.4 Personenkonstellation und Charakteristiken

Konkret dürfte der von Goeze verlangte **Vorrang des kirchlichen Wortes** vor dem vernünftigen Urteil Lessing dazu bewogen haben, dem Patriarchen die entsprechenden Worte in den Mund zu legen: „Ei freilich / Muss niemand die Vernunft, die Gott ihm gab, / Zu brauchen unterlassen, – wo sie hin- / Gehört. – Gehört sie aber überall / Denn hin? – O nein! – Zum Beispiel: wenn uns Gott / Durch einen seiner Engel, – ist zu sagen, / Durch einen Diener seines Worts, – ein Mittel / Bekannt zu machen würdigt, das Wohl / Der ganzen Christenheit, das Heil der Kirche, / Auf irgendeine ganz besondre Weise / Zu fördern, zu befestigen: wer darf / Sich da noch unterstehn, die Willkür des, / Der die Vernunft erschaffen, nach Vernunft / Zu untersuchen?" (V. 2476–2489). Die rhetorische Frage legt nahe, dass kirchliche Aussagen als unangefochten wahr zu gelten haben. Gerade dagegen hat sich Lessing mit der Herausgabe der Reimarus-Fragmente und im Streit mit dem Hamburger Hauptpastor Goeze gewendet. Der Spott, mit dem Lessing offensichtliche Widersprüche in die Rede des Patriarchen einbaut (vgl. V. 2480 f., V. 2540–2543), verstärkt nachhaltig die negative **Darstellung des intoleranten Ideologen**.

<mark>Absage an den kritisch prüfenden Verstand</mark>

<mark>Widersprüchlichkeit der Argumentation</mark>

Die Frauengestalten Daja, Recha, Sittah

Daja tritt in I, 1, I, 2, I, 4, I, 6, III, 1, III, 10 und IV, 8 auf. Sie ist die Frau eines schweizerischen Soldaten, der während eines Kreuzzuges zusammen mit Kaiser Barbarossa zu Tode gekommen ist. Die Witwe hat sich als „Gesellschafterin" der Erziehung Rechas angenommen und ersetzt deren Mutter.

<mark>Rechas Ersatzmutter</mark>

Ihren charakteristischen Wesenzug als **schwärmerische Christin** beschreibt Recha im Gespräch mit Sittah: „Ach! Die arme Frau – ich sag dir's ja – / Ist eine Christin; – muss aus Liebe quälen; – / Ist eine von den Schwärmerinnen, die / Den allgemeinen, einzig wahren Weg / Nach Gott, zu wissen wähnen!"

3.4 Personenkonstellation und Charakteristiken

(V. 3585–3589). Ihre Schwärmerei erkennt man in ihrem Appell an Nathan, Recha in ihrem Glauben, ein Engel habe sie errettet, zu belassen (vgl. V. 151 ff.).

Daja wird geprägt durch **christliches Eifertum**: Im ersten Auftritt bekennt sie angesichts des Wissens um die christliche Herkunft Rechas ihre Gewissensbisse: „Denn mein Gewissen, muss ich Euch / Nur sagen, lässt sich länger nicht betäuben" (V. 46 f.). Die Geschenke Nathans beruhigen sie schließlich; sie ändern jedoch nichts an ihrem Wunsch, Recha nach Europa zu bringen (vgl. V. 1538 f.). Recha erkennt recht zutreffend, dass es aber vor allem Dajas eigener Wunsch ist, nach Europa zurückzukehren: „Dich zieht dein Vaterland" (V. 1542). Daher befördert sie die Verbindung Rechas mit dem Tempelherrn, indem sie ihm das Geheimnis über die christliche Abstammung Rechas verrät (vgl. III, 10). Als sie befürchtet, Recha könnte einem Muslim zur Frau gegeben werden – so interpretiert sie den Ruf an den Hof Saladins (vgl. IV, 8) –, weiht sie auch Recha in das Geheimnis ihrer Abstammung ein (vgl. V. 3590 ff.).

Die Funktion Dajas im Drama ist eine doppelte: Zum einen steigert ihr Verrat die Spannung, da sie den Gang des Tempelherrn zum Patriarchen auslöst, der Nathan in unmittelbare Gefahr bringen kann. Zum zweiten **verschließt sie sich dem Toleranzappell** des Dramas, weil sie – sich selbst in ihrem christlichen Eifer im Recht meinend – auf der Basis der jeweiligen Religionszugehörigkeit bewertet. Recha erkennt richtig, dass es in Dajas Sinne Liebe ist, die zu ihren intoleranten Handlungen führt; Daja ist bis zum Ende des Dramas **nicht fähig, ihr eigenes Handeln kritisch zu hinterfragen**. Daher fehlt sie auch in der letzten Szene des Dramas, in der nicht nur die Familienzusammenführung betrieben wird, sondern auch die im aufklärerischen Sinne positiv gezeichneten Figuren vereint sind.

Sehnsucht nach Europa

Neigung zur Intrige

Intoleranz aus Liebe und Eifertum

3.4 Personenkonstellation und Charakteristiken

Recha tritt in I, 2, III, 1, III, 3 und V, 6–8 auf. Ihr Name findet sich in 1. Chronik 4, 12 als Ortsname. Recha lässt sich ableiten von hebr. „rakka" mit der Bedeutung „sanft". Ihr christlicher Name Blanda geht auf lat. „blanda" zurück, was so viel wie „zärtlich" bedeutet.

Namensbedeutungen

Ihr Vater ist der Bruder Saladins, Assad, der aus Liebe zu einer Christin zum Christentum übergetreten ist und den Namen Wolf von Filnek angenommen hat. Nachdem die Mutter, eine Schwester Conrads von Stauffen, bei der Geburt gestorben und Assad im Kampf gefallen ist, wird Recha vom späteren Klosterbruder zu Nathan gebracht, der sie erzieht. Im Alter von achtzehn Jahren wird sie von einem Tempelherrn aus dem brennenden Haus ihres Pflegevaters gerettet; dies ist der Beginn des Dramas.

Rechas Herkunft

Recha gehört zusammen mit dem Tempelherrn zu den **lernfähigen Figuren**: Die schwärmerische Haltung nach ihrer Rettung durch den Tempelherrn (vgl. V. 189 ff.) weicht schnell einer vernunftgemäßen Beurteilung der Situation. Sie schämt sich später, dass der Gefühlsüberschwang beinahe eine Närrin aus ihr gemacht habe: „(…) und schor dein Engel, / Wie wenig fehlte, dass er mich zur Närrin / Gemacht? – Noch schäm ich mich vor meinem Vater / Der Posse!" (V. 1576–1579). Den Kern der Erziehung durch Nathan beschreibt sie in dem Gespräch mit Daja als „den Samen der Vernunft, / Den er so rein in meine Seele streute" (V. 1564 f.).

Schwärmerei und Vernunft

Ausdruck des Vernunft ist eine menschenfreundliche Kritik der Religionen: „Wem eignet Gott? was ist das für ein Gott, / Der einem Menschen eignet? der für sich / Muss kämpfen lassen?" (V. 1556–1558). Alle Aussagen über den Willen Gottes erscheinen ihr menschliche Spekulationen, die hinter der Demut zurückzutreten haben: „(…) Doch so viel tröstender / War mir die Lehre, dass Ergebenheit / In Gott von unserm Wähnen über Gott / So ganz und gar nicht abhängt" (V. 1589–1592). Rechas Wesenszüge werden durch **Klugheit und (menschenfreundliche) Frömmigkeit**

Selbstbescheidung vor Gott

3.4 Personenkonstellation und Charakteristiken

bestimmt, Sittahs Einschätzung „so klug! so fromm!" (V. 3525) erweist sich als richtig.

Mit Hilfe ihrer von Nathan erhaltenen Erziehung zu einem **vernünftigen Umgang mit der Wirklichkeit** bewältigt sie auch die emotionale Erschütterung, die die Offenbarung der Wahrheit über ihre christliche Herkunft zur Folge hat, sodass sie sogar über die Motive Dajas nachdenken kann (vgl. V. 3585 ff.). Saladin bestätigt ihr, dass nicht die Blutsverwandtschaft allein die Vaterschaft begründet: „Jawohl: das Blut, das Blut allein / Macht lange noch den Vater nicht!" (V. 3662 f.).

Innerer Halt und Fähigkeit zur Empathie

Recha verkörpert den Erfolg der Erziehung Nathans, sie demonstriert den **Vernunftoptimismus der Aufklärung**. Außerdem stellt sie – als Tochter eines zum Christentum konvertierten Muslim und einer Christin, erzogen von einem Juden und einer Christin – ein **Bild der die Religionsgrenzen überschreitenden Menschheitsfamilie** dar, wie sie am Ende des Dramas in der Aufdeckung der verwandtschaftlichen Beziehungen symbolisch auf der Bühne erscheint.

Verkörperung der Verwandtschaft der Religionen

Sittah, die Schwester Saladins, tritt in II, 1–3, III, 4, IV, 3, IV, 5, V, 6–8 auf. Die indirekte Charakterisierung Sittahs durch Recha im fünften Aufzug enthält bereits wichtige Wesenszüge: „Vor Sittah gilt kein Winseln, kein / Verzweifeln. Kalte, ruhige Vernunft / Will alles über sie allein vermögen" (V. 3563–3565).

Sittah erweist sich als **realistische Betrachterin der politischen Lage**, wenn sie die Pläne ihres Bruders, eine Verbindung christlicher und muslimischer Herrscherfamilien durch Eheschließungen herzustellen, als „Traum" (V. 866) bezeichnet. **Praktische und verantwortungsvolle Hilfsbereitschaft** zeigt sie unter anderem, wenn sie Saladin finanziell unter die Arme greift (vgl. II, 2). Von ihr kommt der Vorschlag, bei Nathan wegen eines Kredits nachzufragen (vgl. V. 1030 ff.), und sie setzt ihre berechnende Klugheit dafür ein, um

Sittahs praktische Klugheit

3.4 Personenkonstellation und Charakteristiken

eine Falle für Nathan vorzubereiten: „Der Jude sei mehr oder weniger / Als Jud', ist er nur reich: genug für uns!" (V. 1135 f.). Sie überzeugt Saladin davon, die List auszuführen, obgleich dieser die Anwendung solcher Täuschung für wenig ehrenvoll hält: „Der Löwe schämt sich freilich, wenn er mit / Dem Fuchse jagt: – des Fuchses, nicht der List" (V. 1786 f.).

Skrupellosigkeit gegenüber Nathan

Ist Sittahs Funktion in den ersten drei Aufzügen die einer klugen und realistischen, aber auch listigen Ratgeberin, so leistet sie im vierten Aufzug ihren Beitrag zu Aufklärung der Verwandtschaftsverhältnisse, indem sie Saladin ein Bildnis Assads zeigt (vgl. V. 2619–2621), ihren Bruder davon überzeugt, Recha in den Palast zu holen (vgl. V. 2848–53), und dem Mädchen schließlich die Gelegenheit gibt, die neu gewonnenen Erkenntnisse über ihre christliche Herkunft zu formulieren (vgl. V, 6).

Sittahs Anteil am guten Ende des Stücks

Al-Hafi

Der Bettelmönch, ein **Schachfreund Nathans**, tritt in I, 3, II, 2 und II, 9 auf. Von Saladin wird er zum Schatzmeister ernannt (vgl. V. 401), weil nur er mit Bettlern auf humane Weise umzugehen (vgl. V. 461 ff.) wisse. Al-Hafi klagt Nathan in I, 3, dass die Staatskasse ständig leer sei (vgl. V. 411 f.), da der Sultan den armen Menschen helfe (vgl. V. 406 ff.), auch mit der Gefahr: „(…) und sollt' er selbst darüber / Zum Bettler werden" (V. 408 f.). Nach der Zurückweisung des Kreditersuchens durch Nathan lässt er seiner Enttäuschung freien Lauf. Er bezeichnet sich als „eines Gecken Geck" (V. 479) und kritisiert, dass Saladins Menschfreundlichkeit mit unmenschlichen Mitteln bewerkstelligt werde: „Ei was! – Es wär nicht Geckerei, / Bei Hunderttausenden die Menschen drücken, / Ausmergeln, plündern, martern, würgen; und / Ein Menschenfreund an Einzeln scheinen wollen?" (V. 480–483). Der Schatzmeister habe diese Aufgabe, mit schlechten Mitteln Gutes zu ermöglichen,

Schatzmeister des Sultans

Unbehagen an seinem Amt

3.4 Personenkonstellation und Charakteristiken

und Al-Hafi sieht sich mit dieser Erkenntnis vor ein Problem gestellt, wie es später beispielsweise in Goethes *Iphigenie* und Brechts *Der gute Mensch von Sezuan* verhandelt wird. Am Ende des ersten Gesprächs mit Nathan werden Al-Hafis Verzicht auf das Amt und seine Auswanderung bereits angedeutet (vgl. V. 495 f.). In II, 2 wird Al-Hafis Zwangslage im Gespräch mit Sittah und Saladin verdeutlicht. Saladin nimmt seinen Rat, wie das Schachspiel gegen Sittah noch zu gewinnen wäre, nicht an; daraufhin legt Al-Hafi offen, dass nicht nur die Staatskasse leer sei, sondern dass darüber hinaus Sittah den Unterhalt für den Hof aus ihrem Privatvermögen bestritten habe (vgl. V. 982 f.). Seine Freundschaft mit Nathan beweist Al-Hafi, als er sich dem Ansinnen des Sultans, bei jenem zu borgen, entgegenstellt (vgl. V. 1080) und sich angeblich an einen anderen möglichen Kreditgeber erinnert.

Wunsch, sein früheres Leben fortzuführen

Loyalität gegenüber Nathan

In seinem letzten Gespräch mit Nathan beschwert er sich über das unnötig verloren gegebene Schachspiel (vgl. V. 1461 f.). Seine Entscheidung, sofort zu seinen Glaubensbrüdern an den Ganges auszuwandern, begründet er mit der **Unvereinbarkeit von persönlicher Überzeugung und beruflicher Verpflichtung**: „Ich, der ich nie für mich gebettelt habe, / Soll nun für andre borgen. Borgen ist / Viel besser nicht als betteln (…)" (V. 1485–1487). Al-Hafi wird damit zu einer Figur, die die **Ehrlichkeit** zu sich selbst über berufliche Karriere und Macht stellt. Die mangelnde Vereinbarkeit lässt ihn zum Aussteiger werden, der sich spontan dazu entschließt, seinem „Sklavendasein" zu entfliehen: „(…) Wer / Sich Knall und Fall, ihm selbst zu leben, nicht / Entschließen kann, der lebet andrer Sklav' / Auf immer" (V. 1505–1508).

Treue zu sich selbst

Aussteiger statt Sklave

3.4 Personenkonstellation und Charakteristiken

Klosterbruder

Der Klosterbruder, dessen Name nicht erwähnt wird, tritt in I, 5, IV, 1, IV, 7 und V, 4 auf.

In der Vergangenheit hat er das Waisenkind Blanda von Filnek zu Nathan gebracht; dies beweist seine praktische und über die Religionszugehörigkeit hinausgehende **Nächstenliebe**. Nachdem der Klosterbruder aus seiner Einsiedelei durch Araber vertrieben worden ist, begibt er sich in den Schutz des Patriarchen, der ihm eine Einsiedelei auf Tabor verspricht, wenn er ihm zu Diensten ist (vgl. V. 2935–2951). Das Auskundschaften für den Patriarchen bereitet dem Klosterbruder „Ekel" (V. 2953). Er hat den Tempelherrn auszuhorchen (vgl. I, 5) und gehorcht diesem Befehl auch, seine Distanzierung durch den häufig wiederholten Ausdruck „sagt der Patriarch" zeigt, wie er sich innerlich gegen den Spionageauftrag wehrt (vgl. IV, 1) und in ironischer Weise mit ihm verfährt.

Vorgeschichte des Klosterbruders

Widerwillen gegen seinen Auftraggeber

Der Auftrag des Patriarchen, den Juden zu suchen, der ein Christenkind erzogen hat, verlangt von ihm eine klare Entscheidung: Er offenbart Nathan seinen Auftrag (vgl. V. 2955 ff.) und erinnert ihn an das Waisenkind. Gleichzeitig versichert er ihm, dass er ihn nicht verraten werde (vgl. V. 2996). Die **humane Haltung des Klosterbruders**, die sich in seiner Nächstenliebe und seiner Ehrlichkeit offenbart, verbindet ihn mit der Figur des Nathan und der Lehre der Ringparabel (vgl. V. 2041 f.). Daher können sich beide gegenseitig als **vorbildhafter Christ** bzw. **Jude bezeichnen** (vgl. V. 3067–3070).

Verbundenheit mit Nathan

Gerade wie der Klosterbruder an die verwandtschaftlichen Beziehungen zwischen Judentum und Christentum erinnert – „Wenn Christen gar so sehr vergessen konnten, / Dass unser Herr ja selbst ein Jude war." (V. 3023 f.) –, so spielt er bei der Aufdeckung der Verwandtschaftsverhältnisse zwischen Recha, Leu, Saladin und Sittah eine entscheidende Rolle, da er Nathan das Brevier Assads übergibt.

Entscheidender Beitrag zum guten Ende

3.5 Sachliche und sprachliche Erläuterungen

Die folgende Liste enthält solche Erläuterungen, die historisches oder sprachgeschichtliches Wissen verlangen, die bei Schülern nicht ohne Weiteres vorausgesetzt werden können. Ausführlichere Erklärungen zum Nathan finden sich in den von Peter von Düffel herausgegebenen *Erläuterungen und Dokumenten*.

Titel

Ein dramatisches Gedicht	Mischung aus ernstem und komischem Drama, ernste Komödie mit allerdings didaktischem Impetus
Introite, nam et heic Dii sunt!	„Tretet ein, denn auch hier sind Götter!" Aus der Spruchsammlung des römischen Schriftstellers Aulus Gellius, wird Heraklit zugeschrieben.

Personen

Sultan Saladin	histor. Salah-ed-Din (1138–1193), Herrscher über Ägypten und Syrien
Tempelherr	hervorgegangen aus einem 1118 geschlossenen Bund von acht französischen Rittern; Name rührt daher, weil ihr Ordenshaus in der Nähe des salomonischen Tempels in Jerusalem liegt. Neben den Mönchgelübden Keuschheit, Armut und Gehorsam sind die Templer auch zum Kampf gegen alle Nichtchristen verpflichtet. Ihre Tracht besteht aus einem weißen Mantel mit einem roten Kreuz. Der Orden wird 1312 aufgelöst.
Derwisch	pers. „Bettler", „Bettelmönch"

3.5 Sachliche und sprachliche Erläuterungen

Patriarch von Jerusalem	Bischof von Jerusalem. Das historische Vorbild ist der Patriarch Heraklius, der in Lessings historischer Quelle, in Marins *Geschichte Saladins Sulthans von Egypten und Syrien*, äußerst negativ beschrieben wird.
Emir	„Befehlshaber", „General"
Mameluck	„Sklave"
Klosterbruder	Laie ohne Weihe, im Gegensatz zu den „patres", den geweihten Priestern

Erster Aufzug
Erster Auftritt

V. 90	**Gewinst**	„Gewinn"
V. 104	**Mit eins**	„mit einmal"
V. 132	**Traun**	„wahrhaftig"
V. 142	**Grille**	„sonderbare Idee"
V. 152	**Muselmann**	pers. Variante von arab. „muslim"
V. 158	**wallen**	hier für „umherwandeln" in ironischer Weise gebraucht

Zweiter Auftritt

V. 226	**Subtilitäten**	Feinheiten, hier: „Spitzfindigkeiten"
V. 236	**Sein Eisen**	Damit ist sein Schwert gemeint.
V. 237	**Das schließt für mich**	„Das reicht mir als Beweis."
V. 266	**wenn**	„wann"
V. 273	**unbändigsten**	„maßlosesten"
V. 283	**Bug**	„Biegung", „Krümmung"
V. 311	**Almoser**	„mildtätige Gabe"
V. 311 f.	**mich deucht**	„es scheint mir", „ich glaube"

3.5 Sachliche und sprachliche Erläuterungen

V. 375	**Hinein mit euch**	Unverschleierte Frauen dürfen sich nicht vor Fremden zeigen.
Dritter Auftritt		
V. 400	**Kellner**	„Kellermeister"
V. 406	**jeder Bettler ist von seinem Hause**	Saladin sieht jeden Bedürftigen so an, als ob er zum Hause dazu gehöre, d. h., er fühlt sich verantwortlich für ihn.
V. 411	**trotz einem**	„so gut als einer"
V. 419	**Äser**	selten verwendeter Plural von „Aas"
V. 425	**wuchern**	„Gewinn bringen"
V. 432	**Scheidebrief**	Urkunde, die jüdische Ehe trennt; hier auch: „sich von jemandem lossagen"
V. 437	**Ihr schüttelt?**	Zeichen der Ablehnung: den Kopf schütteln
V. 441	**Defterdar**	pers. „Schatzverwalter"
V. 450	**Ganges**	heiliger Fluss der Inder
V. 465	**unhold**	„widerwillig"
V. 470	**filzig**	„sehr geizig"
V. 478	**Gimpel**	Vogelname, der in übertragenem Sinne einen einfältigen Menschen bezeichnet.
Vierter Auftritt		
V. 517	**anzugehn**	„sich mit einer Bitte an jemanden wenden"
V. 519 f.	**ab / Sich schlägt**	„den Weg verfehlen", hier: „fortgehen"
V. 523	**Biedermann**	„ehrenhafter, rechtschaffener Mann"
Fünfter Auftritt		
V. 533	**Bruder**	Laienbruder („frater"), der niedere Dienste im Kloster verrichtet
V. 534	**Vater**	Mönch („pater")

3.5 Sachliche und sprachliche Erläuterungen

V. 555	**sich erkunden**	„nachforschen"
V. 560	**klügeln**	„weise tun"
V. 566	**frommte mir's**	„nützte es mir"
V. 573	**Tebnin**	Festung bei Ptolemais
V. 574	**Stillstand**	Waffenstillstand von 1192
V. 576	**Sidon**	libanesische Stadt am Mittelmeer, 1187 von Saladin erorbert, vorher seit 1111 im Besitz der Kreuzfahrer
V. 577	**Selbzwanzigster**	„ich und 19 andere"
V. 632	**König Philipp**	Philipp II. (1165–1223), König von Frankreich, organisierte gemeinsam mit Richard Löwenherz 1189 den dritten Kreuzzug.
V. 647	**brav**	„tüchtig"
V. 661	**ausgegattert**	umgangssprachlich für „herausfinden"
V. 664	**Saladins (...) Vater**	der historische Vater Saladins, Aijub, war zu dem Zeitpunkt des Waffenstillstandes schon 20 Jahre tot.
V. 665	**Zurüstungen**	„militärische Vorbereitungen"
V. 673	**Maroniten**	christliche Sekte in Syrien, die sich auf den Namen des hl. Maro (gest. 422) zurückführt.
V. 678	**Ptolemais**	Akka, St. Johann von Acre; syrische Stadt am Mittelmeer
V. 685	**Bubenstück**	„böser, hinterhältiger, gemeiner Streich"
V. 709	**leugst du**	„lügst du"
Sechster Auftritt		
V. 715	**ließ**	„verließ"
V. 716 f.	**mein Paket (...) wagen**	„die Unternehmung wagen"

3.5 Sachliche und sprachliche Erläuterungen

V. 734	Spezereien	„Gewürze"
V. 736	Sina	„China"
V. 758	In Kaiser Friedrichs Heere	Friedrich I. (1121–1190), genannt Barbarossa, führte den dritten Kreuzzug an und ertrank im armenischen Fluss Saleph. Wenn Daja von Geburt an Rechas Pflegemutter gewesen sein will, so stimmt die Chronologie im Drama nicht (Drama spielt 1192, Tod Friedrichs und von Dajas Mann 1190, Recha ist 1192 aber bereits 18 Jahre alt).

Zweiter Aufzug
Erster Auftritt

V. 792	die Gabel	Fachbegriff des Schachspiels, der besagt, dass eine Figur zwei gegnerische Figuren bedroht und eine davon in jedem Falle schlagen kann.
V. 805	Dinar	arab. Goldmünze
V. 820	doppelt Schach	König und Dame sind bedroht, die Dame wird geschlagen.
V. 821	Abschach	Fachbegriff, der besagt, dass beim Wegziehen einer Figur die dahinter stehende Figur den gegnerischen König bedroht.
V. 839	die glatten Steine	Steine tragen wegen des islamischen Bilderverbots nur ihre Wertbezeichnung.
V. 841	Iman	Vorsteher einer Moschee
V. 857	Richards Bruder	Prinz Johann, später König Johann I. von England (1166–1216)
V. 858	deinen Richard	Gemeint ist Richard I. (1157–1199) von England und der Normandie, genannt Löwenherz. Er schließt 1192 einen dreijährigen Waffenstillstand mit Saladin.
V. 892	Acca	vgl. Anmerkung zu V. 678
V. 903	Was irrte dich	„Was machte dich zornig?"

3.5 Sachliche und sprachliche Erläuterungen

Zweiter Auftritt

V. 953	**Mummerei**	„Verkleidung"
V. 962	**sich verbitten**	„um etwas bitten"
V. 1002	**einziehn**	„den Aufwand verringern"
V. 1007	**abdingen**	„aushandeln"
V. 1015	**Auf Unterschleif**	„Unterschlagung"
V. 1070	**Parsi**	indische Anhänger Zoroasters (Begründer des persischen Feuerkultes)
V. 1086 f.	**übern Fuß (...) gespannt**	Verhältnis, das nicht ohne Konflikte ist, ohne direkt feindschaftlich zu sein
V. 1092	**Mohren**	„Mauretanier"

Dritter Auftritt

V. 1103 ff.	**Salomons und Davids Gräber**	Ort, wo nach Überlieferung des jüdischen Geschichtsschreibers Flavius Josephus große Schätze verborgen sein sollen.
V. 1115	**Mammon**	„Reichtum"

Fünfter Auftritt

V. 1202	**Verzieht**	„wartet"
V. 1218 f.	**in die Scharze (...) schlagen**	„aufs Spiel setzen"
V. 1262 f.	**Ich find ... Euch aus**	„Ich durchschaue Euch"
V. 1283	**mäkeln**	„kleinlich kritisieren"
V. 1284	**Knorr**	„Ast"
V. 1290	**das auserwählte Volk**	Bund zwischen Jahwe und dem Volk Israel nach Deuteronomium 7, 6 ff.
V. 1293	**entbrechen**	„enthalten"

3.5 Sachliche und sprachliche Erläuterungen

Siebenter Auftritt

V. 1346	**Sparung**	„Verschonung"

Achter Auftritt

V. 1417	**Rückhalt**	„Zurückhaltung"

Neunter Auftritt

V. 1437	**Nackter**	„Leichtgekleideter"
V. 1466	**bekam der Roche Feld**	Begriff aus dem Schachspiel, der besagt, dass der Turm Bewegungsspielraum bekommt.
V. 1489	**Ghebern**	anderer Name für Parsi (s. Anmerkung zu V. 1070)
V. 1498	**Delk**	Name für den Kittel eines Derwischs

Dritter Aufzug
Erster Auftritt

V. 1577	**schlägt er mir nicht zu**	umgangssprachliche Redewendung für „vertrage ich ihn nicht gut"
V. 1591	**wähnen**	„vermuten"

Zweiter Auftritt

V. 1613	**ungefähr**	„zufällig"
V. 1621	**zugelernte**	„abgerichtete"

Dritter Auftritt

V. 1694	**Was kömmt ihm an?**	„Was hat er?", „Was ist mit ihm los?"

Vierter Auftritt

V. 1738	**mich stellen**	„so tun, als ob"
V. 1743	**abzubangen**	„jemandem etwas durch Einschüchterung wegnehmen/ablisten"

3.5 Sachliche und sprachliche Erläuterungen

Sechster Auftritt		
V. 1872	**Brett**	Brett, auf dem früher Geld gezählt wurde
V. 1885	**Stockjude**	„stock" bezeichnet das völlige Gefangensein in einem Zustand, z. B. „stockblind" (für „vollständig blind")
Siebenter Auftritt		
V. 1892	**zu Rande**	„fertig"
V. 2006	**Bezeihen**	„bezichtigen"
V. 2039	**drücken**	„benachteiligen"
V. 2085	**Post**	„ausstehender Geldbetrag"
V. 2090	**spartest**	„schontest"
Achter Auftritt		
V. 2113	**wittern**	„ahnen"
V. 2117	**auszubeugen**	„auszuweichen"
Neunter Auftritt		
V. 2181	**Banden**	„Bindungen"
V. 2210	**Schlag**	„Art"
Zehnter Auftritt		
V. 2233	**wirkt**	„gestaltet", „verarbeitet"
V. 2264	**Freundschaft**	„Freundlichkeit"
V. 2286	**Vorsicht**	„Voraussicht"
V. 2361	**verlenken**	„in die falsche Position/Richtung bringen"

Vierter Aufzug
Erster Auftritt

| V. 2451 | **einer Sorge** | Laienbrüder müssen nur das Gehorsamsgelübde ablegen. |

3.5 Sachliche und sprachliche Erläuterungen

Zweiter Auftritt

V. 2469	Frommen	„Nutzen"
V. 2520	Witz	„Verstand"
V. 2522	auf das Theater	Anspielung auf den Streit Lessings mit Goeze; nach dem Verbot, zensurfrei zu veröffentlichen, schreibt Lessing an Elise Reimarus, er wolle versuchen, ob man ihn wenigstens noch „auf dem Theater (…) ungestört will predigen lassen".
V. 2526	Schnurre	„Posse"
V. 2528	Diözes'	Zuständigkeitsbereich eines Bischofs
V. 2537	Apostasie	„Abfall vom Glauben"
V. 2571	Kapitulation	„Vertrag"
V. 2584	Sermon	„Predigt"
V. 2600	Bonafides	sprechender Name (lat. „guter Glaube")

Vierter Auftritt

V. 2668	Ginnistan	„Feenland"
V. 2669	Div	„Fee"
V. 2685	Jamerlonk	Oberkleid der Araber
V. 2686	Tulban	„Turban"
V. 2710 f.	auf meiner Hut / Mich mit dir halten	„mich vor dir in Acht nehmen"
V. 2743	platterdings	„einfach"
V. 2772	körnt	„lockt"
V. 2799	Schwärmern deines Pöbels	*Schwärmer* meint hier „religiöser Fanatiker", *Pöbel* steht für das „Volk".

Siebenter Auftritt

V. 2919	annoch	„noch"

3.5 Sachliche und sprachliche Erläuterungen

V. 2936	Quarantana	Wüste zwischen Jericho und Jerusalem, in der Jesus nach Matth. 4 vierzig Tage lang gefastet hat.
V. 2947	Tabor	Berg bei Nazareth, wo Christus nach Matth. 17 verklärt worden sein soll.
V. 2979	Gazza	Stadt westlich des toten Meeres
V. 2982	Darun	hochgelegene Feste südlich von Ghaza
V. 2986	Askalon	Stadt nördlich von Ghaza
V. 3026	Gleisnerei	„Verstellung", „Heuchelei"
V. 3039	Gath	Stadt nördlich von Ghaza
V. 3087	Ohm	„Onkel"
V. 3106	Brevier	„Gebetbuch"
V. 3119	Eidam	„Schwiegersohn"

Fünfter Aufzug
Erster Auftritt

V. 3158	Kahira	„Kairo"
V. 3163	Zeitung	„Nachricht"
V. 3176	Abtritt	„Tod"
V. 3193	Lecker	„Kriecher", „Schmeichler"

Zweiter Auftritt

V. 3210	Abulkassem	Name einer Person
V. 3211	Thebais	Stadt Theben und Umgebung, gemeint ist Oberägypten.
V. 3217	Bedeckung	„Militärschutz"

Dritter Auftritt

V. 3261	Aberwitz	„Dummheit", „Torheit"
	Tand	„wertlose Dinge"

3.5 Sachliche und sprachliche Erläuterungen

V. 3262	**Buhler**	„Geliebter"
Fünfter Auftritt		
V. 3346	**Stöber**	Spürhund, der Wild ausfindig macht, hier: „Spion"
V. 3375	**wurmisch**	„dickköpfig"
V. 3377	**Gauch**	„dummer Mensch"
V. 3401	**Laffe**	„Tollpatsch", „Einfaltspinsel"
Sechster Auftritt		
V. 3619	**in die Richte gehen**	„den nächsten, kürzesten Weg nehmen"
V. 3627	**der Göttlichen**	gemeint ist die Gottesmutter Maria
Letzter Auftritt		
V. 3690 f.	**Dich ... bedeuten**	„dir verkünden"
V. 3716	**gach**	„unbedacht", „hitzig"

3.6 Stil und Sprache

SPRACHLICHES MITTEL	ERKLÄRUNG	TEXTBELEG
Blankvers	reimloser jambischer Fünfheber	„Hier bringt den Juden her, sobald er kömmt. / Er scheint sich eben nicht zu übereilen." (V. 1732 f.)
Enjambement	Zeilensprung, d. h. Vers- und Satzende fallen nicht zusammen	„Sind Christ und Jude eher Christ und Jude, / Als Mensch? Ah! wenn ich einen mehr in Euch / Gefunden hätte, dem es g'nügt, ein Mensch / Zu heißen!" (V. 1310–1313)
Sprecherwechsel/ Stichomythie	schnelle Wechselrede, Ins-Wort-Fallen	vgl. z. B. V. 724–727
spärliche Regieanweisungen (Ausnahme: deutliche Charakterisierung des Patriarchen in IV, 2)	Hinweis auf den Vorrang der „inneren Handlung"	„(Szene: Flur in Nathans Hause) Nathan von der Reise kommend. Daja ihm entgegen" (Regieanweisung zu I, 1)
Minimum an Handlung	Schwerpunkt auf Dialog bzw. Monolog mit Lehrcharakter	vgl. z. B. die Ringparabel in III, 7
Verzicht auf differenzierte Sprachebenen	alle Figuren zeigen gleiche Sprachkompetenz	„Ja? – Nun so – Nun freilich – Dann" (V. 2586)
Satzbruch	Annäherung an natürliche Sprache	„Tut nichts! der Jude wird verbrannt." (V. 2546 und V. 2553)
Schlüsselbegriffe	betonen nachhaltig die Aussage	vgl. z. B. „Vernunft" (V. 2477, V. 2488)

3.7 Interpretationsansätze

ZUSAMMENFASSUNG

Wie kann man den wesentlichen Gehalt des *Nathan* kennzeichnen? Das Stück wird traditionell als typisches Werk der Aufklärung gelesen. Gleichzeitig stellt es auch eine literarische Antwort auf den sogenannten „Fragmenten-Streit" zwischen Lessing und Goeze dar. Auf der Grundlage des Dramentextes lassen sich aber auch kritische Positionen formulieren, die mit den Stichworten „Dialektik der Aufklärung" und „Praxis des Toleranzbegriffs" umschrieben werden können.

Der Autor als Idealist	→	**Das Drama als** idealtypisches Werk der Aufklärung
Der Autor zeigt und kritisiert problematische Charaktereigenschaften	→	Charakterdrama
Der Autor formuliert seine Position im „Fragmenten-Streit"	→	literarische Antwort auf einen religiösen Sachdisput

Nathan als aufklärerisches Werk

Immanuel Kant (1724–1804) definiert in seiner fünf Jahre nach dem *Nathan* entstandenen Schrift *Beantwortung der Frage: Was ist Aufklärung?* das Grundprinzip der philosophischen Bewegung:

3.7 Interpretationsansätze

„*Aufklärung ist der Ausgang des Menschen aus seiner selbstverschuldeten Unmündigkeit.* Unmündigkeit ist das Unvermögen, sich selbst seines Verstandes ohne Leitung eines anderen zu bedienen. *Selbstverschuldet* ist diese Unmündigkeit, wenn die Ursache derselben nicht am Mangel des Verstandes, sondern der Entschließung und des Mutes liegt, sich seiner ohne Leitung eines andern zu bedienen! Sapere aude! Habe Mut, dich deines eigenen Verstandes zu bedienen! ist also der Wahlspruch der Aufklärung."[19]

Immanuel Kants Definition der Aufklärung

Kant nennt auch die Ursachen für diese Unmündigkeit und bezeichnet sie als „Faulheit und Feigheit."[20] Einziges Erfordernis für eine erfolgreiche Aufklärung ist nach Kant das Vorhandensein von „Freiheit"[21]. Bestimmte gesellschaftliche Kräfte wie das Militär und die Kirche würden einen nachhaltigen Gebrauch des Verstandes aber verhindern: „Der Offizier sagt: Räsonniert nicht, sondern exerziert! Der Finanzrat: Räsonniert nicht, sondern bezahlt! Der Geistliche: Räsonniert nicht, sondern glaubt! (...) Hier ist überall Einschränkung der Freiheit."[22]

Freiheit als Grundvoraussetzung

Nathan klärt nicht nur die verwandtschaftlichen Beziehungen auf, er **wirkt** auch **in der von Kant beschriebenen Weise als Aufklärer**: Im ersten Gespräch mit Recha nach deren Rettung durch den Tempelherrn kritisiert er vorsichtig den schwärmerischen Wunderglauben seiner Ziehtochter (vgl. V. 215 ff.). Die aufklärerische Tat Nathans besteht im Verabreichen einer „Arznei" (V. 355), nämlich des Appells an ihren Verstand. Wenn Nathan sie ermahnt: „Begreifst du aber, / Wie viel andächtig schwärmen leichter, als / Gut handeln

---
19 Kant, S. 167.
20 Kant, S. 167.
21 Kant, S. 169.
22 Kant, S. 167.

3.7 Interpretationsansätze

ist?" (V. 359–361), dann stehen dahinter die Kant'sche Vorstellung, dass Bequemlichkeit ein Grund für mangelnde Aufgeklärtheit darstellt, und der Optimismus der Aufklärung, dass der Gebrauch der Vernunft zu gutem Handeln führen muss.

Während seine **Bemühungen**, Daja zu einem kritischeren Umgang mit ihrer eigenen religiösen Schwärmerei anzuhalten, scheitern, **fallen sie bei Saladin** und besonders **beim Tempelherrn auf fruchtbaren Boden**. Mit der Ringparabel, die Lessing im Vergleich zur Ringerzählung bei Boccaccio vor allem um einen Appell an religiöse Toleranz und Humanität erweitert (vgl. 3.1), verneint Nathan den Absolutheitsanspruch einer religiösen Weltanschau-

Kirsten Hildisch als Sittah, Lutz Dechant als Saladin und Markus Eberl als Nathan in Esther Hattenbachs Inszenierung am Theater an der Parkaue Berlin von 2009.
© ullstein bild – Lieberenz

3.7 Interpretationsansätze

ung und stellt die gute Tat als den Maßstab allen menschlichen Handelns in den Vordergrund.

Lessing bedient sich zur erzählerischen Umsetzung seiner Lehre der literarischen Form der Parabel. Diese Form, deren charakteristisches Merkmal die Aufteilung in eine **Bild-** und eine **Sachhälfte** ist, die interpretativ erschlossen werden muss, ermöglicht die **Verschlüsselung der Lehre** und ihre **Anwendung auf verschiedene Sachverhalte**. Im Kontext der religiösen Auseinandersetzungen im *Nathan* und des „Fragmenten-Streits" Lessings mit Goeze lässt sich als Sachhälfte der religiöse Konflikt erschließen. Die Lehre der Parabel ruft auf der Sachhälfte zu religiöser Toleranz und Mitmenschlichkeit auf.

<small>Parabel als lehrhafte Dichtungsform</small>

Nathans erzieherisches Wirken wird am Tempelherrn in besonderer Weise deutlich. Im ersten Gespräch gelingt es ihm, durch Geduld und vernünftiges Argumentieren den Grund für die Vorurteile des Tempelherrn herauszufinden, die im Vorwurf der „Menschenmäkelei" (V. 1288) gipfeln. In der Verständigung darauf, dass es zunächst wichtig sei, „ein Mensch / Zu heißen" (V. 1312 f.), gewinnt Nathan den Tempelherrn zum Freund. Dass der Glaube Nathans an den „guten Kern" des Tempelherrn berechtigt ist, zeigt insbesondere die **Patriarchenszene**. Der Patriarch kann dabei als das Vorbild gelten für Kants Vorstellung von geistlichen Würdenträgern, die absolute Autorität verlangen und dabei den Verstand außer Acht lassen: „Räsonniert nicht, sondern glaubt!"[23] Dem Tempelherrn gelingt es trotz seiner Erregung über die scheinbare Zurückweisung durch Nathan, zu seiner vernunftbestimmten Haltung zurückzufinden. Er ist ein Beispiel für den Optimismus der Aufklärung, nach dem der durch seinen Verstand geleitete Mensch zu gutem Handeln fähig wird.

<small>Die Offenheit des Tempelherrn für Nathans Lehren</small>

<small>Abwehr schlechter Einflüsse</small>

---

23 Kant, S. 167.

3.7 Interpretationsansätze

Analyse der Patriarchenszene

Der Gegenstand der Unterhaltung in IV, 2 ist die Frage des Tempelherrn, ob ein Jude ein christliches Mädchen erziehen dürfe. Der Patriarch verneint dies auf Schärfste und fordert die Todesstrafe für den Juden, weil er das christliche Mädchen zur Apostasie, zum Abfall von Gott, verleitet habe. Auch die Einwände des Tempelherrn, dass das Mädchen ohne den Juden möglicherweise umgekommen wäre, dass der Jude das Mädchen ohne religiöse Bindung erzogen habe und dass Gott das Mädchen immer noch selig machen könne, wenn er es wolle, überzeugen den Patriarchen nicht. Seiner Meinung nach muss der Jude verbrannt werden.

Das Gespräch unter vier Augen lässt sich in vier Abschnitte gliedern: **Begrüßung, Hilfsangebot, Problem und Diskussion, Abschluss**. Vor dem eigentlichen Beginn der Unterhaltung wird der Geistliche als eine imposante Erscheinung beschrieben, die den Tempelherrn beeindruckt (vgl. V. 2454 ff.). Er reagiert auf die ihn lobende Begrüßung durch den Patriarchen daher auch mit einer respektvollen, sogar bescheiden klingenden Antwort. Der Patriarch bietet ihm daraufhin seinen „reifen Rat( )" (V. 2471) an mit der Verpflichtung, diesen Rat auch anzunehmen. Dem Einwand des Tempelherrn, einen unsinnigen Rat könne man doch nicht befolgen, widerspricht der Patriarch mit dem Argument, dass geistliche Ratschläge niemals solcher Prüfung nach Sinn oder Unsinn unterliegen. Allerdings lässt es der Patriarch nicht auf eine Konfrontation mit dem Tempelherrn ankommen, er bricht die Ausführungen abrupt ab: „(…) Doch hiervon genug (…)" (V. 2492).

Begrüßung

Verbindlichkeit des Rats des Patriarchen

Im Mittelpunkt des Gesprächs steht die Frage des Tempelherrn, wie man die **Erziehung eines christlichen Mädchens durch einen Juden** von kirchlicher Seite aus bewerten würde. Dem Patriarchen ist daran gelegen, den Realitätsbezug dieser Frage in Erfahrung zu bringen, daher lehnt er eine bloße theoretische Erörterung des Falles ab. Wenn sich der vorgetragene Fall aber tatsächlich zuge-

3.7 Interpretationsansätze

tragen habe, so müsse der Schuldige auf dem Scheiterhaufen die Strafe für die Verführung zur Apostasie erfahren.

Den Höhepunkt der Diskussion stellen die drei Einwände des Tempelherrn dar, deren Intention es ist, den Fall menschlicher zu beurteilen. Dem ersten Einwand, dass das Kind ohne Hilfe möglicherweise umgekommen wäre, widerspricht der Patriarch mit dem Hinweis darauf, dass es für das Kind unter diesen Umständen wohl besser gewesen wäre, wenn es gestorben wäre. Außerdem könne Gott retten, wen er retten wolle. Auf den zweiten Einwand, dass es in der Hand Gottes liege, das Mädchen trotz jüdischen Einflusses noch selig zu machen, und auf den dritten Einwand, das Mädchen sei ohne religiöse Bindung erzogen worden, reagiert der Patriarch nur noch stereotyp mit dem Todesurteil: „Tut nichts! der Jude wird verbrannt" (vgl. V. 2553).

Die Argumente des Tempelherrn

In dieser Phase des Gesprächs wird deutlich, wie sich der Patriarch humanitären Argumenten verschließt und von einer dogmatischen und intoleranten Position aus urteilt. Selbst der Hinweis auf die freie Entscheidung Gottes, das Mädchen doch noch zu retten, kann den Patriarchen nicht zu einer Mäßigung bringen. Er hält sich nicht nur für unfehlbar, wie der Versprecher in V. 2480 ff. zeigt, er ist auch noch dazu nicht bereit, die Willkürlichkeit seiner Argumentation einzusehen. Diese Willkür, aber auch das Machtbewusstsein zeigt der einschränkende Satz, dass alles Gewalt sei, was man Kindern antue; wenn aber die Kirche Kinder taufe, so sei dies ganz in Ordnung (vgl. V. 2542 f.). Der Patriarch ‚biegt' sich seine Wahrheit so hin, wie er sie braucht, und er ist grundsätzlich von der Wahrheit seines Standpunktes fest überzeugt.

Die Intoleranz und Unmenschlichkeit des Patriarchen

Auch der Tempelherr merkt schnell, dass sein Gesprächspartner von seiner einmal eingenommenen Haltung nicht abweicht. Er will das Gespräch beenden. Doch der Patriarch entfaltet nun sein ganzes Machtbewusstsein und droht dem Tempelherrn mit einer

3.7 Interpretationsansätze

Scheitern der Versuch der Einschüchterung

Anklage beim Sultan, wenn der Name des Schuldigen nicht preisgegeben würde. Doch diese offene Drohung pariert der Tempelherr auf couragierte ironische Weise: „Schade, dass ich nicht / Den trefflichen Sermon mit bessrer Muße / Genießen kann! Ich bin zum Saladin / Gerufen" (V. 2583–2586). Dem Patriarchen wird in diesem Moment das besondere Verhältnis zwischen Saladin und dem Tempelherrn bewusst, und es wird ihm mit einem Male klar, dass seine Drohung ins Leere gelaufen ist. Aus diesem Grund beginnt er zu stottern und ist um eine positive Darstellung seiner eigenen Person vor dem Sultan bemüht. Sein Eifer, so meint er bescheiden, diene nur der frommen Sache, und der vorgetragene Fall könne als nicht real existierender hypothetischer Fall betrachtet werden. Mit diesem ‚Kompromiss' verabschieden sich die Gesprächspartner.

Zweierlei Bescheidenheit

Anfang und Ende des Gesprächs weisen Ähnlichkeiten auf: Der Bescheidenheit des Tempelherrn zu Beginn entspricht die vorgebliche Bescheidenheit des Patriarchen am Ende des Gesprächs; dass diese unterwürfige Haltung nur nach außen hin gezeigt wird, erkennt man daran, dass der **Patriarch** den vorgetragenen Fall mit Hilfe seines ‚Spions', des Klosterbruders, doch noch aufklären lassen möchte. Dieses Selbstgespräch am Ende des Auftritts lässt den Patriarchen vollends in einem negativen Licht erscheinen: Lessing stellt ihn als einen **dogmatisch-fundamentalistischen, machtbewussten und opportunistisch-hinterhältigen Kirchenfürsten** dar.

Situation des Tempelherrn

Sein **Gegenpol ist der Tempelherr**, dessen Rolle sich im Drama durch Aufrichtigkeit und Mut auszeichnet. Als Angehöriger eines 1092 gegründeten christlichen Ordens geistlicher Soldaten ist sein Selbstverständnis vor allem das eines Streiters für die christliche Sache; einer Spionagetätigkeit für den Patriarchen verweigert er sich.

Der Tempelherr kämpfte gegen die Muslime, wurde von Saladin gefangen und begnadigt; diese Begnadigung war die Voraussetzung dafür, dass er das angeblich jüdische Mädchen aus den Flam-

3.7 Interpretationsansätze

men retten kann. Bereits diese Konstellation zeigt den Tempelherrn als ein Bindeglied zwischen den drei Religionen. Die Menschlichkeit, die er von einem Muslim erfuhr, setzt ihn imstande, Menschlichkeit auch gegenüber einer vermeintlichen Jüdin auszuüben.

Religionsgrenzen überschreitende Menschlichkeit

Darüber hinaus ist der Tempelherr der Erste, der sich **gegen fromme Raserei** ausspricht und indirekt **Toleranz** fordert: „Wenn hat, und wo die fromme Raserei, / Den bessern Gott zu haben, diesen bessern / Der ganzen Welt als Besten aufzudringen, / In ihrer schwärzesten Gestalt sich mehr / Gezeigt, als hier, als itzt? (…)" (V. 1297–1301). Auf dieser Grundlage bereitet er zusammen mit Nathan eine Verständigung über die Religionsgrenzen hinweg vor: „(…) Wir haben beide / Uns unser Volk nicht auserlesen. Sind / Wir unser Volk? Was heißt denn Volk? / Sind Christ und Jude eher Christ und Jude, / Als Mensch? (…)" (V. 1307–1311). Die Seelenverwandtschaft mit Nathan führt konsequenterweise zur Freundschaft (V. 1318–1320).

Humanität statt Glaubenseifertum

Diese Freundschaft wird aber getrübt, da die Liebe zu Recha und die Angst, sie könnte ihm vorenthalten werden, im Tempelherrn alte, überkommene Vorurteile wiederbeleben. In V, 5 gesteht er Nathan seine Befürchtungen: „(…) Ich bildete mir ein, / Ihr wolltet, was Ihr einmal nun den Christen / So abgejagt, an einen Christen wieder / Nicht gern verlieren (…)" (V. 3390–3393). Dieses Geständnis lässt die Person des Tempelherrn in positivem Licht erscheinen: Er ist einsichtig, selbstkritisch, er erkennt gemachte Fehler: „Ich tat nicht recht! (…)" (V. 3397), und er ist ehrlich (vgl. V, 5). Selbst als klar ist, dass er Recha nicht mehr als Ehefrau bekommen kann, ist er dankbar, sie als Schwester behalten zu dürfen (vgl. V. 3806).

Gutartigkeit des Tempelherrn

Fassen wir zusammen: Der Tempelherr wird fast zu einem christlichen ‚Gegenstück' zu Nathan, er entwickelt Nathans Eigenschaften der Toleranz und Humanität im Verlaufe des Stücks, die Freundschaft zwischen beiden ist daher die logische Folge. Kurzfristig lässt

3.7 Interpretationsansätze

er sich von seinen Emotionen hinreißen, es gelingt ihm jedoch, diese Emotionen mit der Hilfe seines Verstandes unter Kontrolle zu bringen.

Lernfähigkeit des Tempelherrn

Der Tempelherr ist eine **positive Identifikationsfigur**. Als eine lernfähige Figur wirkt er vorbildhaft. In ihm personifiziert sich der Optimismus der Aufklärung, dass der Mensch durch seine „ratio" das Gute erkennen und sich verändern kann. Besonders das Gespräch mit dem Patriarchen hat gezeigt, dass Dogmatismus und religiöser Eifer, die sich gegen die Vernunft richten, weder Humanität noch Toleranz entwickeln können.

Vernunft und Dogma

Die Parallele zu dem Kant'schen Satz: „Räsonniert nicht, sondern glaubt!"[24] findet sich in der Stelle, in der der Patriarch die Gültigkeit der Vernunft relativiert: „Ei freilich / Muss niemand die Vernunft, die Gott ihm gab, / Zu brauchen unterlassen, – wo sie hin- / Gehört. – Gehört sie aber überall / Denn hin? – O nein!" (V. 2476–2480). Die Vernunft hat nach seiner Meinung ihre Grenze am kirchlichen Dogma zu finden. Für Lessing ist dies der Grund für den erbitterten „Fragmenten-Streit", für Kant nichts anders als „Einschränkung der Freiheit."[25]

Kritische Auseinandersetzung mit der Aufklärung

Das Stichwort „Freiheit" leitet abschließend zu drei Gesichtspunkten über, die sich kritisch mit den Zielen und den Mitteln der Aufklärung beschäftigen und die auch den Vernunftappell des Dramas Nathan der Weise betreffen; die Argumentationsrichtung kann jeweils an dieser Stelle nur skizziert werden:

---

24 Kant, S. 167.
25 Kant, S. 167.

3.7 Interpretationsansätze

→ Freiheit lässt sich zunächst nicht nur als eine **Freiheit *von*** etwas bestimmen, sondern vor allem als eine **Freiheit *für*** etwas. Der Optimismus der Aufklärung sieht vor, dass Menschen immer dann gut handeln, wenn sie verstandesgemäß handeln. Allerdings lässt sich der Verstand auch zur Realisierung schlechten Handelns einsetzen; ein literarisches Zeugnis davon geben die Brüder Karl und Franz Moor in Schillers *Die Räuber*. „Freiheit" und **Gebrauch des Verstandes** sind also noch lange **keine ausreichenden Kriterien, um Humanität zu verwirklichen**.

Freiheit als Lizenz zu verwerflichem Handeln?

→ Außerdem lassen sich durchaus Situationen denken, in denen gutes Handeln andere schädigt. Saladin macht diese Erfahrung, als er dringend Geld benötigt. Der Konflikt läuft letztlich auf die Frage hinaus, ob man gutes Handeln als Prinzip – und damit ohne Einsatz schlechter Mittel – betreibt oder ob man das Wohl einer Mehrheit im Auge hat, für dessen Herstellung auch im ethischen Sinne schlechte Mittel eingesetzt werden müssen. Der Konflikt läuft auf die Alternative von **Gesinnungs- und Verantwortungsethik** hinaus.

Gutes Handeln auch gut für alle?

→ Ein letzter Kritikpunkt könnte so formuliert werden, dass die **Praktizierung von Toleranz** in sich die **Gefahr** birgt, **totalitären Weltanschauungen ausgeliefert** zu sein. Außerdem könnte sie zu einer Haltung führen, die im Lichte der Toleranz keinen Unterschied mehr zwischen richtig und falsch erkennt. Toleranz darf nicht als passive Haltung missverstanden werden, für sie muss auch bei Gruppen, die Intoleranz lehren und praktizieren, geworben werden. Dass sie nicht zur Passivität gegenüber autoritären Dogmatikern verurteilt, zeigt das Verhalten des Tempelherrn in der oben besprochenen Patriarchenszene.

Toleranz als Duldung intoleranten Verhaltens?

4. REZEPTIONSGESCHICHTE

Lessings „dramatisches Gedicht" wurde stets wegen seines aufklärerischen Appells (Humanität, Toleranz) gelobt. Im Zentrum der Kritik standen von Anfang an die dramaturgischen Schwächen des Stücks, seine Armut an ‚echter' Handlung, seine unentschiedene Zwischenstellung zwischen Tragödie und Komödie. Auch moderne Inszenierungen stellen in der Regel den Toleranzappell – angesichts aktueller weltpolitischer Konflikte – in den Vordergrund.

Kritische Vorbehalte gegen Nathan der Weise

Schillers Kritik am *Nathan* basiert auf seinen eigenen poetologischen Vorstellungen. In dem Essay *Über naive und sentimentalische Dichtung* (1795) setzt er sich mit der Frage auseinander, ob *Nathan der Weise* als **Tragödie oder Komödie** aufzufassen sei:

Schillers Abhandlung Über naive und sentimentalische Dichtung

„Im ‚Nathan dem Weisen' (…) hat die frostige Natur des Stoffs das ganze Kunstwerk erkältet. Aber Lessing wußte selbst, daß er kein Trauerspiel schrieb, und vergaß nur, menschlicherweise, in seiner eigenen Angelegenheit die in der Dramaturgie aufgestellte Lehre, daß der Dichter nicht befugt sey, die tragische Form zu einem anderen als tragischen Zweck anzuwenden. Ohne sehr wesentliche Veränderungen würde es kaum möglich gewesen seyn, dieses dramatische Gedicht in eine gute Tragödie umzuschaffen; aber mit bloß zufälligen Veränderungen möchte es eine gute Comödie abgegeben haben. Dem letztern Zweck nehmlich hätte das Pathetische dem erstern das Raisonnierende aufgeopfert werden müssen, und es ist wohl keine Frage, auf welchem von beyden die Schönheit dieses Gedichtes am meisten beruht."[26]

Unzulässige Zweckentfremdung der „tragischen Form"

---

26 Schiller, S. 445 f.

Das Lessing-Bild der Romantik wird maßgeblich durch **Friedrich Schlegel** (1772–1829) bestimmt, der das **Werk gegen Kritiker verteidigt**, die es der Form wegen ablehnen:

> „Man kanns nicht offner und unzweideutiger sagen, wie es mit der dramatischen Form des ‚Nathan' stehe, als es Lessing selbst gesagt hat. Mit liberaler Nachlässigkeit, wie Alhafis Kittel oder des Tempelherrn halb verbrannter Mantel, ist sie dem Geist und Wesen des Werks übergeworfen, und muss sich nach diesem biegen und schmiegen. (...) Die hohe philosophische Würde des Stücks hat Lessing selbst ungemein schön mit der theatralischen Effektlosigkeit oder Effektwidrigkeit desselben kontrastiert; mit dem seinem Ton eigenen Gemisch von ruhiger inniger tiefer Begeisterung und naiver Kälte."[27]

„Philosophische Würde" und „theatralische Effektlosigkeit"

Goethe (1749–1832) lobt den **sittlich-religiösen Gehalt** des Stücks, während er die **dramaturgischen Schwächen** gleichfalls hervorhebt:

> „Lessing sagte in sittlich-religiöser Hinsicht, dass er diejenige Stadt glücklich preise, in welcher ‚Nathan' zuerst gegeben werde; wir aber können in dramatischer Rücksicht sagen, dass wir unserm Theater Glück wünschen, wenn ein solches Stück darauf bleibt und öfters wiederholt werden kann."[28]

Goethes Kommentar aus der Sicht des Theaterleiters

---

27 Schlegel, *Über Lessing*, S. 126.
28 Goethe, S. 190.

Dieser Kritik schließt sich auch **August Wilhelm Schlegel** (1767–1845) an:

Mangel an Tempo und Spannungsmomenten

„Hätte die Entwicklung der Wahrheiten, welche Lessingen besonders am Herzen lagen, nicht zu viel Ruhe erfordert, wäre eine etwas raschere Bewegung in der Handlung, so wäre das Stück auch recht sehr dazu eingerichtet, auf der Bühne zu gefallen."[29]

Ludwig Tieck (1773–1853) spitzt diese Kritik zu, wenn er sagt, dass die **Absetzung** des *Nathan* in einigen Häusern für das Theater **kein großer Verlust** gewesen sei.[30]

Lob und Tadel im 19. Jahrhundert

Der Literaturbetrieb des **Jungen Deutschland** rückt den **ideellen Kern des Dramas** in den Mittelpunkt. **Wolfgang Menzel** (1798–1873) beispielsweise lobt Lessings *Nathan* als den „Lichtpunkt der im achtzehnten Jahrhundert herrschend gewordenen Humanität".[31] Gleichzeitig wird auch die Form des Blankverses als bedeutsam für die Literatur betont.

Polemik und Wertschätzung im 20. Jahrhundert

Abgesehen von **antisemitisch geprägten Rezensionen**, wie z. B. der von **Eugen Dühring** (1833–1921), der das Drama als „platte(s) Judenstück" und im Ganzen „lau" und „flau"[32] bezeichnet, und abgesehen von dem **Verbot der Lektüre** in der **Zeit des Nationalsozialismus** ist die **Wertschätzung des Stücks im 20. Jahrhundert** gestiegen. In der Zeit der Weimarer Republik wird Lessing als vorbildhafter Europäer und als Möglichkeit des deutschen Wesens, die nicht realisiert worden ist, verstanden (Thomas Mann, Hugo von Hofmannsthal), nach dem Zweiten Weltkrieg wird das Stück

---

29 Schlegel, *Vorlesungen über dramatische Kunst und Literatur*, S. 293.
30 Vgl. Tieck, S. 256.
31 Zitiert nach Düffel, S. 136.
32 Dühring, S. 390 f.

dann zum Theaterklassiker, zum **„supranationale(n) Wiedergutmachungsstück"**[33] und zur **obligatorischen Schullektüre**.

Neuere Interpretationen heben nicht mehr die Verstöße gegen dramentechnische Grundsätze hervor, sie konzentrieren sich vielmehr auf den **Gehalt des Stücks: Benno von Wiese** charakterisiert die Figuren im Hinblick auf den in ihnen wirksamen **Humanitätsgedanken**[34], während **Karl Jaspers** in *Von der Wahrheit* hervorhebt, dass die „gemeinsame Richtung auf das Wahre"[35] die Individuen des Dramas eine; im Werk geschehe „(...) das Leibhaftwerden der ‚Vernunft' in menschlichen Persönlichkeiten"[36]. **Gerhard Bauer** hebt in seiner 1976 erschienenen Untersuchung die **Fürstenkritik** heraus, die sich hinter Lessings Gestaltung des Saladin verbirgt:

Auseinandersetzung mit dem Gehalt des Stücks

> „Ist die Darstellung Saladins zwiespältig, aus großem Enthusiasmus und kleinen, aber durchschlagenden Hinweisen auf die uniideale Realität zusammengesetzt, so ist das ihm gegenüber empfohlene Verhalten ganz eindeutig. Zweifellos müssen die Untertanen ihn loben, ihm Anerkennung bis zur Huldigung, Gehorsam und, wenn sie haben (...), ihr Geld darbringen. Nur trauen sollten sie ihm nicht."[37]

Zur Figur des Sultans Saladin

Helmut Göbel sieht im Drama die Ideen der **Aufklärung in radikaler Weise** wirken:

> „Die neue Vernunftsphilosophie richtet ihre Kritik daher auch gegen Rechts- und Staatsphilosophie und Theologie. Dem auf-

„Vernunftsphilosophie"

---

33 Göbel, S. 82.
34 Vgl. von Wiese, S. 72–78.
35 Jaspers, S. 949 f.
36 Jaspers, S. 950.
37 Bauer, S. 62. Weitere Auszüge finden sich im Materialienteil auf S. 115–119.

geklärten, vernünftigen Menschen müssen Recht und Religion einsichtig werden, blinder Glaube und blinder Gehorsam sind widervernünftig, verleiten zu Willkür, Gewalt, Leichtgläubigkeit und zu Aberglauben, Andächtelei und Schwärmerei."[38]

Thomas Koebner analysiert die Ringparabel und hebt besonders die **Unterschiede zu Boccaccios Version** hervor. Vor allem die Tatsache, dass der Ring nur mehr äußerliches Machtzeichen ist, da die erwähnte **Gnadengabe dem Träger des Rings zu eigen** sein muss, und dass sich der Träger dem Ring würdig erweisen muss, machen die Parabel zu einer Werbung für „**friedfertige, anti-hierarchische Gesinnung**" gegen „Geltungsbedürfnis und Besitzgier".[39]

Analyse der Ringparabel

Jan Philipp Reemtsma interessiert sich in seiner 1997 gehaltenen Dankrede zum Lessing-Preis für den am Schluss abseits stehenden Nathan. Nathan, so meint Reemtsma, werde kein Teil der Welt, die sich vor ihm zusammengefunden hat, weil sein **persönliches Leid**, die Vernichtung seiner Familie, ihn aus ihr ausschließe und er sich nicht mitteilen könne. Die Beschäftigung mit der Shoah mache das Leid in der Bundesrepublik mit Recht zur öffentlichen Angelegenheit. Die **Leiderfahrung Nathans** solle **als Appell** verstanden werden, alle Kraft in die Verhinderung neuer Katastrophen zu stecken.[40]

Nathans Außenseiterstatus

---

38 Göbel, S. 84; weitere Auszüge finden sich im Matrerialienteil auf S. 119–121.
39 Koebner, S. 157.
40 Vgl. Kröger, S. 131 f.

5. MATERIALIEN

Das **Zensuredikt** gegen Lessing geht davon aus, dass Lessing mit der Herausgabe religionskritischer Schriften die Fundamente der christlichen Religion angreift.

Cabinetsbefehl des Herzogs Carl an Lessing[41]

Euch ist zwar bey Gelegenheit der von euch unterthänigst nachgesuchten Erlaubnis zur Herausgabe der sogenannten Beyträge aus den Schäzzen Unsrer Fürstl. Bibliothek zu Wolfenbüttel die Censur-Freyheit, jedoch nur allein in Ansehung dieser Beyträge, und für dasmal, wiewohl auch in dem zum Ueberfluß dabey ausdrücklich vorausgesetzten Vertrauen, daß nichts was die Religion und gute Sitten beleidigen könne, darin werde abgedruckt werden, in Gnaden erteilet worden; wie ihr aber, wider solches bessere Vertrauen, nicht nur gewisse Fragmente eines Ungenannten, die Fürtreflichkeit und Hinlänglichkeit der Natürlichen Religion und die Göttliche Offenbarung betreffend, in diese Beyträge mit eindrucken, sondern auch außer selbigen verschiedne andre zum Anstoß und öffentlichen Aergernis gereichende Schriften, insbesondere ein Fragment eben dieses Ungenannten unter dem Titel von dem Zweck Jesu und seiner Jünger, welches nichts geringeres als die christliche Religion aufs schlüpfrige zu sezzen, wo nicht völlig einzureissen, zur Absicht zu haben scheinet, zum Vorschein kommen lassen; diesem ganz unleidlichen Unwesen und fast unerhörten Bestreben aber, die Religion in ihrem Grunde zu erschüttern, lächerlich und verächtlich machen zu wollen, nicht nachgesehen werden mag; als wird, nachdem bereits deshalb an die Waysenhauß-Buchhandlung das Nötige

Enttäuschung des Vertrauensvorschusses durch Herausgabe religionskritischer Schriften

---

41 Zitiert in historischer Schreibweise.

Rücknahme der Befreiung von der Zensur

ergangen, auch vorerst, das mehrere vorbehältlich, hierdurch alles Ernstes befohlen, Handschrift des Ungenannten, voraus solche Fragmente genommen, so wie sie vorhanden ist, integraliter, nebst den etwa davon genommenen Abschriften binnen acht Tagen ohnfehlbar einzuschicken, und auch aller ferneren Bekanntmachung dieser Fragmente und anderer ähnlicher Schriften, bey Vermeidung schwerer Ungnade und schärferen Einsehens gänzlich zu enthalten. Wie denn auch die euch ehmals verliehene Dispensation von der Censur hiemit gänzlich aufgehoben, und Zurücklieferung des Originals davon euch hiemit befohlen wird.

Braunschweig, den 13. Juli 1778.[42]

Der thematische Kernpunkt des *Nathan* ist die Ringparabel. Ihr literarisches Vorbild findet sie in der dritten Novelle des ersten Tages aus dem *Decamerone*[43] des Giovanni Boccaccio (1313–1375). Lessing erweitert den Grundbestand der Geschichte vor allem um die Richterszene.

Boccaccio: Aus dem *Decamerone*

Als Neiphile schwieg und ihre Geschichte von allen gelobt worden war, fing Philomele, nach dem Wunsche der Königin, also zu reden an:

Philomele erzählt eine Geschichte

Die Erzählung der Neiphile erinnert mich an die gefährliche Lage, in der sich einst ein Jude befand; und, da von Gott und von der Wahrheit unsers Glaubens bereits in angemessener Weise gesprochen ist, es mithin nicht unziemlich erscheinen kann, wenn wir

---

42 Zitiert nach Lindken, S. 26 f.
43 Zitiert in historischer Schreibweise.

uns nun zu den Schicksalen und Handlungen der Menschen herablassen, so will ich euch jene Geschichte erzählen, die vielleicht eure Vorsicht vermehren wird, wenn ihr auf vorgelegte Fragen zu antworten habt. Ihr müßt nämlich wissen, liebreiche Freundinnen, daß, wie die Thorheit gar manchen aus seiner glücklichen Lage reißt und ihn in tiefes Elend stürzt, so den Weisen seine Klugheit aus großer Gefahr errettet und ihm vollkommene Ruhe und Sicherheit gewährt. Daß in der That der Unverstand oft vom Glücke zum Elend führt, das zeigen viele Beispiele, die wir gegenwärtig nicht zu erzählen gesonnen sind, weil deren täglich unter unsern Augen sich zutragen. Wie aber die Klugheit helfen kann, will ich versprochenermaßen in folgender kurzen Geschichte euch zeigen.

    Saladin, dessen Tapferkeit so groß war, daß sie ihn nicht nur von einem geringen Manne zum Sultan von Babylon erhob, sondern ihm auch vielfache Siege über sarazenische und christliche Fürsten gewährte, hatte in zahlreichen Kriegen und in großartigem Aufwand seinen ganzen Schatz geleert, und wußte nun, wo neue und unerwartete Bedürfnisse wieder eine große Geldsumme erheischten, nicht, wo er sie so schnell, als er ihrer bedurfte, auftreiben sollte. Da erinnerte er sich eines reichen Juden, Namens Melchisedech, der in Alexandrien auf Wucher lieh und nach Saladins Dafürhalten wol im Stande gewesen wäre, ihm zu dienen, aber so geizig war, daß er von freien Stücken es nie gethan haben würde. Gewalt wollte Saladin nicht brauchen; aber das Bedürfniß war dringend, und es stand bei ihm fest, auf eine oder die andere Art solle der Jude ihm helfen. So sann er denn nur auf einen Vorwand, unter einigem Schein von Recht ihn zwingen zu können.

    Endlich ließ er ihn rufen, empfing ihn auf das freundlichste, hieß ihn neben sich sitzen und sprach alsdann: „Mein Freund, ich habe schon von vielen gehört, du seiest weise und habest besonders in göttlichen Dingen tiefe Einsicht; nun erführe ich gern von dir, wel-

Marginalien: Lebensrettende Klugheit — Sultan Saladins Geldnot — Der reiche Jude Melchisedech

| 1 SCHNELLÜBERSICHT | 2 GOTTHOLD E. LESSING: LEBEN UND WERK | 3 TEXTANALYSE UND -INTERPRETATION |

Eine fatale Entscheidungsfrage

Das Problem einer unverfänglichen Antwort

Melchisedechs Erzählung von den drei Ringen

ches unter den drei Gesetzen du für das wahre hältst, das jüdische, das sarazenische oder das christliche." Der Jude war in der That ein weiser Mann und erkannte wohl, daß Saladin ihm solcherlei Fragen nur vorlegte, um ihn in seinen Worten zu fangen; auch sah er, daß, welches von diesen Gesetzen er vor den andern loben möchte, Saladin immer seinen Zweck erreichte. So bot er denn schnell seinen ganzen Scharfsinn auf, um eine unverfängliche Antwort, wie sie ihm noth that, zu finden, und sagte dann, als ihm plötzlich eingefallen war, wie er sprechen sollte:

„Mein Gebieter, die Frage, die Ihr mir vorlegt, ist schön und tiefsinnig; soll ich aber meine Meinung darauf sagen, so muß ich Euch eine kleine Geschichte erzählen, die Ihr sogleich vernehmen sollt. Ich erinnere mich, oftmals gehört zu haben, daß vor Zeiten ein reicher und vornehmer Mann lebte, der vor allen andern auserlesenen Juwelen, die er in seinem Schatze verwahrte, einen wunderschönen und kostbaren Ring werth hielt. Um diesen seinem Werthe und seiner Schönheit nach zu ehren und ihn auf immer in dem Besitze seiner Nachkommen zu erhalten, ordnete er an, daß derjenige unter seinen Söhnen, der den Ring, als vom Vater ihm übergeben, würde vorzeigen können, für seinen Erben gelten und von allen den andern als der vornehmste geehrt werden solle. Der erste Empfänger des Ringes traf unter seinen Kindern ähnliche Verfügung und verfuhr dabei wie sein Vorfahre. Kurz der Ring ging von Hand zu Hand auf viele Nachkommen über. Endlich aber kam er in den Besitz eines Mannes, der drei Söhne hatte, die sämtlich schön, tugendhaft und ihrem Vater unbedingt gehorsam, daher auch gleich zärtlich von ihm geliebt waren. Die Jünglinge kannten das Herkommen in Betreff des Ringes, und da ein jeder der Geehrteste unter den Seinigen zu werden wünschte, baten alle drei einzeln den Vater, der schon alt war, auf das inständigste um das Geschenk des Ringes. Der gute Mann liebte sie alle gleichmäßig und wußte selber keine Wahl unter ihnen zu treffen; so versprach er denn den Ring einem jeden und dachte auf ein Mittel, alle zu befriedigen. Zu dem Ende ließ er heimlich vor einem geschickten Meister zwei andere Ringe verfertigen, die dem ersten so ähnlich waren, daß er selbst, der doch den Auftrag gegeben, den rechten kaum zu erkennen wußte. Als er auf dem Todbette lag, gab er heimlich jedem der Söhne einen von den Ringen. Nach des Vaters Tode nahm ein jeder Erbschaft und Vorrang für sich in Anspruch, und da einer dem andern das Recht dazu bestritt, zeigte der eine wie die andern, um die Forderung zu begründen, den Ring, den er erhalten hatte, vor. Da sich nun ergab, daß die Ringe einander so ähnlich waren, daß niemand, welcher der echte sei, erkennen konnte, blieb die Frage, welcher von ihnen des Vaters wahrer Erbe sei, unentschieden, und bleibt es noch heute. So sage ich Euch denn, mein Gebieter, auch von den drei Gesetzen, die Gott der Vater den drei Völkern gegeben, und über die Ihr mich befraget. Jedes der Völker glaubt seine Erbschaft, sein wahres Gesetz und seine Gebote zu haben, damit es sie befolge. Wer es aber wirklich hat, darüber ist, wie über die Ringe, die Frage noch unentschieden."

Als Saladin erkannte, wie geschickt der Jude den Schlingen entgangen sei, die er ihm in den Weg gelegt hatte, entschloß er sich, ihm geradezu sein Bedürfniß zu gestehen. Dabei verschwieg er ihm nicht, was er zu thun gedacht habe, wenn jener ihm nicht mit so viel Geistesgegenwart geantwortet hätte. Der Jude diente Saladin mit allem, was dieser von ihm verlangte, und Saladin erstattete jenem nicht nur das Darlehn vollkommen, sondern überhäufte ihn noch mit Geschenken, gab ihm Ehre und Ansehen unter denen, die ihm am nächsten standen, und behandelte ihn immerdar als seinen Freund.[44]

Der Erfolg der Erzählung

---

44 Boccaccio, S. 49–53.

Der folgende Lexikonartikel definiert die literarische Gattung der Parabel.

Definition der Parabel

Parabel (griech. *parabole* = Vergleichung, Gleichnis), lehrhafte Erzählung, die e. allg. sittl. Wahrheit oder Erkenntnis durch e. analogen Vergleich, also Analogieschluss, aus e. anderen Vorstellungsbereich erhellt, der nicht ein in allen Einzelheiten unmittelbar übereinstimmendes Beispiel gibt wie die Fabel, sondern nur in einem Vergleichspunkt mit dem Objekt übereinstimmt, und die im Ggs. zum allgemeingültigen Regelfall im Gleichnis keine direkte Verknüpfung (so: wie) mit dem zu erläuternden Objekt enthält, wenngleich sie das Beziehungsfeld erkennen lässt, sondern vom Gegenstand abgelöst zur selbstständigen Erzählung e. prägnanten Einzelfalls in bildhafter Anschaulichkeit wird. Besonders in buddhist. und hebr. Lit. häufig; am berühmtesten die P.n des NT. (Verlorener Sohn) und die des Menenius Agrippa (Livius II, 33), die das Verhältnis von Senatoren und Bürgern im Staat durch die P. vom Magen und den Gliedern erläutert; dt. P.n. von Lessing, Herder, Goethe, Rückert und Krummacher. Vgl. auch Lessings P. von den 3 Ringen (*Nathan* III, 7) nach Boccaccio und Schillers P. im *Fiesko* II, 8.[45]

Abgrenzung gegen Fabel und Gleichnis

---

45 von Wilpert, S. 655.

In dem folgenden Auszug aus seiner berühmten Schrift *Beantwortung der Frage: Was ist Aufklärung?* aus dem Jahre 1784 legt der Königsberger Philosoph Immanuel Kant (1724–1804) dar, was das Ziel der Aufklärung ist, welcher Mittel sie sich bedient, welche Voraussetzungen sie verlangt und welches die entscheidenden Störfaktoren sind, die die Menschen daran hindern, ihren Verstand zu gebrauchen. „Sapere aude", was so viel heißt wie: „Wage es weise zu sein", das ist der Appell Kants an seine Leser.

Kant: *Was ist Aufklärung?*

Aufklärung ist der Ausgang des Menschen aus seiner selbstverschuldeten Unmündigkeit. Unmündigkeit ist das Unvermögen, sich seines Verstandes ohne Leitung eines anderen zu bedienen. Selbstverschuldet ist diese Unmündigkeit, wenn die Ursache derselben nicht am Mangel des Verstandes, sondern der Entschließung und des Mutes liegt, sich seiner ohne Leitung eines andern zu bedienen. Sapere aude! Habe Mut, dich deines eigenen Verstandes zu bedienen! ist also der Wahlspruch der Aufklärung. Aktives Abschütteln der Unmündigkeit

Faulheit und Feigheit sind die Ursachen, warum ein so großer Teil der Menschen, nachdem sie die Natur längst von fremder Leitung freigesprochen (naturaliter maiorennes), dennoch gerne zeitlebens unmündig bleiben; und warum es anderen so leicht wird, sich zu deren Vormündern aufzuwerfen. Es ist so bequem, unmündig zu sein. Habe ich ein Buch, das für mich Verstand hat, einen Seelsorger, der für mich Gewissen hat, einen Arzt, der für mich die Diät beurteilt usw., so brauche ich mich ja nicht selbst zu bemühen. Ich habe nicht nötig zu denken, wenn ich nur bezahlen kann; andere werden das verdrießliche Geschäft schon für mich übernehmen. Dass der bei weitem größte Teil der Menschen (darunter das ganze schöne Geschlecht) den Schritt zur Mündigkeit, außer dem, dass er beschwer- Unmündigkeit aus Faulheit und Feigheit

Anstrengung des selbstständigen Denkens

lich ist, auch für sehr gefährlich halte, dafür sorgen schon jene Vormünder, die die Oberaufsicht über sie gütigst auf sich genommen haben. Nachdem sie ihr Hausvieh zuerst dumm gemacht haben und sorgfältig verhüteten, dass diese ruhigen Geschöpfe ja keinen Schritt außer dem Gängelwagen, darin sie sie einsperreten, wagen durften: so zeigen sie ihnen nachher die Gefahr, die ihnen droht, wenn sie es versuchen, allein zu gehen. Nun ist diese Gefahr zwar eben so groß nicht, denn sie würden durch einigemal Fallen wohl endlich gehen lernen; allein ein Beispiel von der Art macht doch schüchtern und schreckt gemeiniglich von allen ferneren Versuchen ab.

Gängelung durch angemaßte Vormünder

Es ist also für jeden einzelnen Menschen schwer, sich aus der ihm beinahe zur Natur gewordenen Unmündigkeit herauszuarbeiten. Er hat sie sogar lieb gewonnen und ist vorderhand wirklich unfähig, sich seines eigenen Verstandes zu bedienen, weil man ihn niemals den Versuch davon machen ließ. Satzungen und Formeln, diese mechanischen Werkzeuge eines vernünftigen Gebrauchs oder vielmehr Missbrauchs seiner Naturgaben, sind die Fußschellen einer immerwährenden Unmündigkeit. Wer sie auch abwürfe, würde dennoch auch über den schmalesten Graben einen nur unsicheren Sprung tun, weil er zu dergleichen freier Bewegung nicht gewöhnt ist.

„Satzungen und Formeln" als „Fußschellen" der Unmündigkeit

(…)

Zu dieser Aufklärung aber wird nichts erfordert als Freiheit; und zwar die unschädlichste unter allem, was nur Freiheit heißen mag, nämlich die: von seiner Vernunft in allen Stücken öffentlichen Gebrauch zu machen. Nun höre ich aber von allen Seiten rufen: Räsonniert nicht! Der Offizier sagt: Räsonniert nicht, sondern exerziert! Der Finanzrat: Räsonniert nicht, sondern bezahlt! Der Geistliche: Räsonniert nicht, sondern glaubt! (…) Hier ist überall Einschränkung der Freiheit. Welche Einschränkung aber ist der Aufklärung hinderlich, welche nicht, sondern ihr wohl gar beförder-

Freiheit als notwendige Voraussetzung für den Gebrauch der Vernunft lich? – Ich antworte: Der öffentliche Gebrauch seiner Vernunft muss jederzeit frei sein, und der allein kann Aufklärung unter Menschen zustande bringen; der Privatgebrauch derselben aber darf öfters sehr enge eingeschränkt sein, ohne doch darum den Fortschritt der Aufklärung sonderlich zu hindern. Ich verstehe aber unter dem öffentlichen Gebrauche seiner eigenen Vernunft denjenigen, den jemand als Gelehrter von ihr vor dem ganzen Publikum der Leserwelt macht. Den Privatgebrauch nenne ich denjenigen, den er in einem gewissen ihm anvertrauten bürgerlichen Posten oder Amte von seiner Vernunft machen darf. (...)

Differenzierung zwischen öffentlichem und privatem Gebrauch der Vernunft

Der Gebrauch also, den ein angestellter Lehrer von seiner Vernunft vor seiner Gemeinde macht, ist bloß ein Privatgebrauch, weil diese immer nur eine häusliche, obzwar noch so große Versammlung ist; und in Ansehung dessen ist er als Priester nicht frei und darf es auch nicht sein, weil er einen fremden Auftrag ausrichtet. Dagegen als Gelehrter, der durch Schriften zum eigentlichen Publikum, nämlich der Welt spricht, mithin der Geistliche im öffentlichen Gebrauche seiner Vernunft, genießt einer uneingeschränkten Freiheit, sich seiner eigenen Vernunft zu bedienen und in seiner eigenen Person zu sprechen. Denn dass die Vormünder des Volks (in geistlichen Dingen) selbst wieder unmündig sein sollen, ist eine Ungereimtheit, d e auf Verewigung der Ungereimtheiten hinausläuft.

Erläuterung dieser Unterscheidung

Aber sollte nicht eine Gesellschaft von Geistlichen, etwa eine Kirchenversammlung oder eine ehrwürdige Classis (wie sie sich unter den Holländern selbst nennt), berechtigt sein, sich eidlich auf ein gewisses unveränderliches Symbol zu verpflichten, um so eine unaufhörliche Obervormundschaft über jedes ihrer Glieder und vermittelst ihrer über das Volk zu führen und diese so gar zu verewigen? Ich sage: das ist ganz unmöglich.[46]

---

46 Kant, S. 167–171

In den folgenden ausgewählten Paragrafen seiner Schrift *Die Erziehung des Menschengeschlechts*[47] (1777/80) unterstreicht Lessing die Bedeutung des Verstandes auch in religiösen Fragen.

Lessing: *Die Erziehung des Menschengeschlechts*

§ 2

Erziehung als Offenbarung, Offenbarung als Erziehung

Erziehung ist Offenbarung, die dem einzeln Menschen geschieht: und Offenbarung ist Erziehung, die dem Menschengeschlechte geschehen ist, und noch geschieht.

§ 3

Nutzen dieser Betrachtungsweise für die Theologie

Ob die Erziehung aus diesem Gesichtspunkte zu betrachten, in der Pädagogik Nutzen haben kann, will ich hier nicht untersuchen. Aber in der Theologie kann es gewiß sehr großen Nutzen haben, und viele Schwierigkeiten heben, wenn man sich die Offenbarung als eine Erziehung des Menschengeschlechts vorstellet.

§ 4

Erziehung gibt dem Menschen nichts, was er nicht auch aus sich selbst haben könnte: sie gibt ihm das, was er aus sich selber haben könnte, nur geschwinder und leichter. Also gibt auch die Offenbarung dem Menschengeschlechte nichts, worauf die menschliche Vernunft, sich selbst überlassen, nicht auch kommen würde: sondern sie gab und gibt ihm die wichtigsten dieser Dinge nur früher.

---

47 Zitiert in historischer Schreibweise.

§ 5

Und so wie es der Erziehung nicht gleichgültig ist, in welcher Ordnung sie die Kräfte des Menschen entwickelt; wie sie dem Menschen nicht alles auf einmal beibringen kann: eben so hat auch Gott bei seiner Offenbarung eine gewisse Ordnung, ein gewisses Maß halten müssen.

§ 6

Wenn auch der erste Mensch mit einem Begriffe von einem Einigen Gotte sofort ausgestattet wurde: so konnte doch dieser mitgeteilte, und nicht erworbene Begriff unmöglich lange in seiner Lauterkeit bestehen. Sobald ihn die sich selbst überlassene menschliche Vernunft zu bearbeiten anfing, zerlegte sie den Einzigen Unermeßlichen in mehrere Ermeßlichere, und gab jedem dieser Teile ein Merkzeichen.

Entstehen der Vielgötterei

§ 7

So entstand natürlicher Weise Vielgötterei und Abgötterei. Und wer weiß, wie viele Millionen Jahre sich die menschliche Vernunft noch in diesen Irrwegen würde herumgetrieben haben; ohngeachtet überall und zu allen Zeiten einzelne Menschen erkannten, daß es Irrwege waren: wenn es Gott nicht gefallen hätte, ihr durch einen neuen Stoß eine bessere Richtung zu geben.

§ 8

Da er aber einem jeden einzeln Menschen sich nicht mehr offenbaren konnte, noch wollte: so wählte er sich ein einzelnes Volk zu seiner besondern Erziehung; und eben das ungeschliffenste, das verwildertste, um mit ihm ganz von vorne anfangen zu können.

Das auserwählte Volk

§ 76

Man wende nicht ein, daß dergleichen Vernünfteleien über die Geheimnisse der Religion untersagt sind. – Das Wort Geheimnis bedeutete, in den ersten Zeiten des Christentums, ganz etwas anders, als wir itzt darunter verstehen; und die Ausbildung geoffenbarter Wahrheiten in Vernunftswahrheiten ist schlechterdings notwendig, wenn dem menschlichen Geschlechte damit geholfen sein soll. Als sie geoffenbaret wurden, waren sie freilich noch keine Vernunftswahrheiten; aber sie wurden geoffenbaret, um es zu werden. Sie waren gleichsam das Fazit, welches der Rechenmeister seinen Schülern voraussagt, damit sie sich im Rechnen einigermaßen darnach richten können. Wollten sich die Schüler an dem vorausgesagten Fazit begnügen: so würden sie nie rechnen lernen, und die Absicht, in welcher der gute Meister ihnen bei ihrer Arbeit einen Leitfaden gab, schlecht erfüllen.

„Vernunftswahrheiten"

§ 77

Und warum sollten wir nicht auch durch eine Religion, mit deren historischer Wahrheit, wenn man will, es so mißlich aussieht, gleichwohl auf nähere und bessere Begriffe vom göttlichen Wesen, von unsrer Natur, von unsern Verhältnissen zu Gott, geleitet werden können, auf welche die menschliche Vernunft von selbst nimmermehr gekommen wäre!

§ 78

Es ist nicht wahr, daß Spekulationen über diese Dinge jemals Unheil gestiftet, und der bürgerlichen Gesellschaft nachteilig geworden. – Nicht den Spekulationen: dem Unsinne, der Tyrannei, diesen Spekulationen zu steuern; Menschen, die ihre eigenen hatten, nicht ihre eigenen zu gönnen, ist dieser Vorwurf zu machen.

Das Unschädliche von Spekulationen über religiöse Fragen

§ 79

Vielmehr sind dergleichen Spekulationen – mögen sie im einzeln doch ausfallen, wie sie wollen – unstreitig die schicklichsten Übungen des menschlichen Verstandes überhaupt, solange das menschliche Herz überhaupt, höchstens nur vermögend ist, die Tugend wegen ihrer ewigen glückseligen Folgen zu lieben.

§ 80

Denn bei dieser Eigennützigkeit des menschlichen Herzens, auch den Verstand nur allein an dem üben wollen, was unsere körperlichen Bedürfnisse betrifft, würde ihn mehr stumpfen, als wetzen heißen. Er will schlechterdings an geistigen Gegenständen geübt sein, wenn er zu seiner völligen Aufklärung gelangen, und diejenige Reinigkeit des Herzens hervorbringen soll, die uns, die Tugend um ihrer selbst willen zu lieben, fähig macht.

„Reinigkeit des Herzens" als Effekt der freien Entfaltung des Verstands

§ 85

Nein; sie wird kommen, sie wird gewiß kommen, die Zeit der Vollendung, da der Mensch, je überzeugter sein Verstand einer immer bessern Zukunft sich fühlt, von dieser Zukunft gleichwohl Bewegungsgründe zu seinen Handlungen zu erborgen, nicht nötig haben wird; da er das Gute tun wird, weil es das Gute ist, nicht weil willkürliche Belohnungen darauf gesetzt sind, die seinen flatterhaften Blick ehedem bloß heften und stärken sollten, die innern bessern Belohnungen desselben zu erkennen.[48]

Das Gute tun um des Guten willen

---

48 zitiert nach Düffel, S. 151–155.

In dem folgenden Auszug aus seiner Schrift *Über den Beweis des Geistes und der Kraft*[49] hebt Lessing hervor, dass alle Berichte über Jesus als „historische Wahrheiten" betrachtet werden müssen, die keine Glaubensgrundlage bilden können.

Lessing: *Über den Beweis des Geistes und der Kraft*

Hierauf nun antworte ich. Erstlich, wer leugnet es – ich nicht –, daß die Nachrichten von jenen Wundern und Weissagungen ebenso zuverlässig sind, als nur immer historische Wahrheiten sein können? – Aber nun, wenn sie nur ebenso zuverlässig sind, warum macht man sie bei dem Gebrauche auf einmal unendlich zuverlässiger?

Und wodurch? – Dadurch, daß man ganz andere und mehrere Dinge auf sie bauet, als man auf historisch erwiesene Wahrheiten zu bauen befugt ist.

Wenn keine historische Wahrheit demonstriert werden kann, so kann auch nichts durch historische Wahrheiten demonstriert werden.

„Zufällige Geschichtswahrheiten" und „notwendige Vernunftwahrheiten"

Das ist: Zufällige Geschichtswahrheiten können der Beweis von notwendigen Vernunftwahrheiten nie werden.

Ich leugne also gar nicht, daß in Christo Weissagungen erfüllet worden, ich leugne gar nicht, daß Christus Wunder getan, sondern ich leugne, daß diese Wunder, seitdem ihre Wahrheit völlig aufgehöret hat, durch noch gegenwärtig gangbare Wunder erwiesen zu werden, seitdem sie nichts als Nachrichten von Wundern sind (mögen doch diese Nachrichten so unwidersprochen, so unwidersprechlich sein, als sie immer wollen), mich zu dem geringsten Glauben an Christi anderweitige Lehren verbinden können und dürfen. Diese anderweitigen Lehren nehme ich aus anderweitigen Gründen an.

---

49   Zitiert in historischer Schreibweise.

Denn zweitens, was heißt einen historischen Satz für wahr halten? eine historische Wahrheit glauben? Heißt es im geringsten etwas anders, als diesen Satz, diese Wahrheit gelten lassen! nichts darwider einzuwenden haben! sich gefallen lassen, daß ein andrer einen andern historischen Satz darauf bauet, eine andre historische Wahrheit daraus folgert! sich selbst vorbehalten, andere historische Dinge darnach zu schätzen! Heißt es im geringsten etwas anders, etwas mehr! Man prüfe sich genau!

Wir alle glauben, daß ein Alexander gelebt hat, welcher in kurzer Zeit fast ganz Asien besiegte. Aber wer wollte auf diesen Glauben hin irgend etwas von großem dauerhaften Belange, dessen Verlust nicht zu ersetzen wäre, wagen! Wer wollte diesem Glauben zufolge aller Kenntnis auf ewig abschwören, die mit diesem Glauben stritte! Ich wahr ich nicht. Ich habe itzt gegen den Alexander und seine Siege nichts einzuwenden; aber es wäre doch möglich, daß sie sich ebensowohl auf ein bloßes Gedicht des Choerilus, welcher den Alexander überall begleitete, gründeten, als die zehnjährige Belagerung von Troja sich auf weiter nichts als auf die Gedichte des Homers gründet.

Beispiel Alexanders des Großen

Wenn ich folglich historisch nichts darwider einzuwenden habe, daß Christus einen Toten erweckt, muß ich darum für wahr halten, daß Gott einen Sohn habe, der mit ihm gleiches Wesens sei! In welcher Verbindung steht mein Unvermögen, gegen die Zeugnisse von jenem etwas Erhebliches einzuwenden, mit meiner Verbindlichkeit, etwas zu glauben, wogegen sich meine Vernunft sträubet?

Unnachvollziehbare Schlussfolgerungen

Wenn ich historisch nichts darwider einzuwenden habe, daß dieser Christus selbst von dem Tode auferstanden, muß ich darum für wahr halten, daß ebendieser auferstandene Christus der Sohn Gottes gewesen sei?

Daß der Christus, gegen dessen Auferstehung ich nichts Historisches von Wichtigkeit einwenden kann, sich deswegen für den

Sohn Gottes ausgegeben, daß ihn seine Jünger deswegen dafür gehalten, das glaube ich herzlich gern. Denn diese Wahrheiten, als Wahrheiten einer und derselben Klasse, folgen ganz natürlich auseinander. (...)

Man sagt freilich: Aber eben der Christus, von dem du historisch mußt gelten lassen, daß er Tote erweckt, daß er selbst vom Tode erstanden, hat es selbst gesagt, daß Gott einen Sohn gleiches Wesens habe, und daß er dieser Sohn sei.

Das wäre ganz gut. Wenn nur nicht, daß dieses Christus gesagt, gleichfalls nicht mehr als historisch gewiß wäre.

Wollte man mich noch weiter verfolgen und sagen: „O doch! das ist mehr als historisch gewiß; denn inspirierte Geschichtschreiber versichern es, die nicht irren können":

So ist auch das leider nur historisch gewiß, daß diese Geschichtschreiber inspiriert waren und nicht irren konnten.

Das, das ist der garstige breite Graben, über den ich nicht kommen kann, sooft und ernstlich ich auch den Sprung versucht habe. Kann mir jemand hinüberhelfen, der tu' es; ich bitte ihn, ich beschwöre ihn. Er verdienet ein Gotteslohn an mir.[50]

---

50 Lessing, *Über den Beweis* ..., S. 37 f.

Deutungen des Nathan

Gerhard Bauer erkennt in dem folgenden Auszug aus seinem Aufsatz *Revision von Lessings Nathan* (1976) eine versteckte Herrscherkritik in Lessings Darstellung des Saladin.

Lessing bleibt mit dem thesenhaften, postulierenden Realismus des *Nathan* seiner alten Untersuchungsmethode treu, gibt aber das Instrument des bürgerlichen Dramas als einer einigenden, zwingenden, die Klassenerfahrungen konzentrierenden Handlung auf. Er geht nach wie vor von gesellschaftlichen, im *Nathan* sogar sehr weit gespannten Konflikten aus. Er sucht, von seiner historisch und analytisch begrenzten Erkenntnisfähigkeit aus die treibenden Kräfte auf beiden Seiten auf. Er tut es weiterhin mit einer klar dialektischen, klassenerzieherischen Absicht: Er will die Untersuchungsmethode selbst, das Zurückführen der Konflikte auf die zugrundeliegenden Interessen den Lesern zur eigenen Anwendung übermitteln. Aber er kann nach dem Scheitern des Hamburger Experiments nicht zurück zu der Illusion, die diesem Experiment zugrunde lag und die er am Ende der *Hamburgischen Dramaturgie* deutlich als Illusion durchschaute: die bürgerliche Emanzipation materiell durchs bürgerliche Drama voranzutreiben, ein Nationaltheater für eine Nation aufzubauen, die es als einheitliche Nation gar nicht gab und die sich von den damaligen Kräften aus nicht herstellen ließ. Dieses Instrument bürgerliches Drama nimmt Lessing nicht wieder auf, baut keine starke, die gesellschaftliche Konfrontation direkt widerspiegelnde Handlung auf. Er bringt keine Zeitgeschichte auf die Bühne wie im *Henzi*-Fragment und in der *Minna*. Die Militärdespotie, die persönlich-autokratische Willkür des Herrschers, wird nicht zum Gegenstand des Stückes gemacht, nicht einmal als bewegende

Lessings „Untersuchungsmethode"

Verzicht auf direkten zeitgeschichtlichen Bezug

Kraft außerhalb des Stückes skizziert wie in der *Minna*. Im *Nathan* herrscht auch nicht das brutale, nach Launen zugreifende und vernichtende Regiment des Duodezabsolutismus über die Bürger wie in der *Emilia*. Das dramatische Gedicht geht sorgloser mit der Dramenform und dem dieser Form inhärenten historisch-gesellschaftlichen Programm um. Es ist nach dem Schema der Verwechslungskomödie gearbeitet, die von der Spätantike an zum Allerweltsstoff wurde. Lessing siedelt es im Orient an, der im 18. Jahrhundert gängigen Verkleidungsform für Kritik an gegenwärtigen abendländischen Verhältnissen, die die Schriftsteller aus guten Gründen lieber nicht direkt darstellen. Eine kritische Einstellung zur Herrschaft wird schon vorausgesetzt, an vielen Punkten des Normalverhaltens als die für den Bürger selbstverständliche Haltung befestigt. Die Wirkungsabsicht des Stückes ist nicht dramatischer Art, kein kämpferischer Zusammenstoß mit dem Feudalabsolutismus, welcher in dieser Zeit von den beschränkten deutschen Verhältnissen aus noch kaum als ablösbar gesehen wurde. Das Stück zielt vielmehr auf einen Erfolg durchs Räsonieren: die Spaltung in Nationen oder Territorien wie in Religionen, die sich von Deutschland aus als ein Haupthindernis für den Aufstieg der bürgerlichen Klasse erwies, wird in ihren unnötigen, vernunftwidrigen Erscheinungsformen angeprangert. (...)

Mit dem Philosophen und Wahrheitssucher auf dem Thron hatte Lessing persönlich wie als anteilnehmender Zeitgenosse ganz bestimmte, äußerst negative Erfahrungen gemacht. Von Friedrich war zu dieser Zeit weit über seine Lande hinaus bekannt, wie er die Philosophie zur Steigerung seines Selbstgefühls, die Toleranz aber zur Auslieferung aller Religionsgruppen an jeweils ihre Pfaffen und Jesuiten zwecks Erhaltung ihrer Untertänigkeit und Verhinderung der Desertion gebrauchte. Auch den Schmucktitel des orientalischen Herrscherlobs „Verbesserer der Welt und des Gesetzes", den Saladin sich in einem Religionsgespräch verdienen will, könnte Friedrich in der Konversation und für irgendwelche bei seinem französischen Publikum vorzeigbaren Zusatzleistungen beansprucht haben, während er in seinen tatsächlichen Regierungsgeschäften und Kriegshandlungen keinen solchen Ehrgeiz entwickelte. Dass Saladin tapfer gegen die christlichen Eindringlinge kämpft, jedoch die verschiedenen ansässigen Bevölkerungsgruppen schützt, erhebt ihn über die viel wankelmütigere Politik Friedrichs und der meisten Groß- und Kleinherrscher in Deutschland. Aber mindestens das Primat der Erhaltung des eigenen Landes und seiner Bevölkerung über alle außenpolitischen Abenteuer war bei den etwas größeren Fürsten, die es nicht nötig hatten und sich nicht leisten konnten, ihre Untertanen zu vertreiben oder als Soldaten außer Landes zu verkaufen, ebenfalls anerkannt. Als bedürfnislos für die eigene Person hätte sich auch Friedrich bezeichnen können. Dass er allerdings freigebig bis zum Staatsbankrott gewesen sei, hätte ihm nicht nur keiner seiner ebenfalls oft verzweifelten Schatzmeister, sondern nicht einmal sein ärgster Feind nachsagen können.

Friedrich II. und Lessings Saladin

Die Verklärung des Herrschers, die zweifellos stattfindet, macht aus ihm kein Ideal, das den äußerst unidealen Herrschergestalten des damaligen Deutschland zum Lernen oder zur Beschämung vorgehalten würde. Dass Herrscher als weise, edel, gerecht, großmütig usw. gelobt wurden und, wenn der geeignete Lobredner wie an Saladins kargem Hof fehlt, sich selber lobten, verstand sich von selbst. Es änderte aber nichts an ihrer erstickenden, egoistischen, ungerechten, oft kleinlichen und gehässigen Politik. Auch die Konstruktion, einen Mitfreimaurer und schließlich einen Freund auf dem Thron zu wissen, führt nie zu der Illusion des Mitregierens, des Hineinredens in die Politik dieses praktisch denn doch sehr zugeknöpften Herrschers. An eine „Fürstenerziehung" konnte

Anspruch und Wirklichkeit aufgeklärt absolutistischer Herrschaft

Lessing nach seinen gründlich negativen Lebenserfahrungen nicht glauben.

Persönliche Tugend und Erfordernisse der Herrschaft

Überdies ist die strahlend aufgeklärte Person Saladins nur der geringere Teil der Herrscherdarstellung. Wichtiger als seine persönlichen Qualitäten sind die objektiven Aufgaben seines Herrscheramtes. In ihnen überragt Saladin seine Kollegen im 18. Jahrhundert nicht sonderlich, ist lediglich, wie es von Friedrich aus seinen ersten Regentenjahren berichtet wird, stärker bedrückt, weil er es weiß und höhere Ansprüche an sich stellt. Der Krieg selber ruht zwar. Wir erfahren nur ritterliche Kriegsbereitschaft samt humanistischem Friedensangebot und etwas von den weitgehenden Verschanzungen gegeneinander. Als letzte Kriegshandlung aber wird berichtet, dass Saladin, wie gewöhnlich, sämtliche Kriegsgefangenen außer einem köpfen ließ. Das ist ein starker Affront auch für das 18. Jahrhundert, obgleich diese direkte Grausamkeit durch die perfideren Methoden mancher fürstlichen Soldatenverkäufer womöglich noch überboten wurde. So strich Lessings Dienstherr Karl Wilhelm Ferdinand von Braunschweig für die an die Engländer nach Amerika verkauften Landeskinder nicht nur jährliche Subsidien, sondern auch noch eine Kopfprämie für jeden Gefallenen ein (...). Die eine Begnadigung übt Saladin aus rein persönlichem Motiv, um einer Familienähnlichkeit willen. Aber nicht nur diese Willkür und Unberechenbarkeit wird reflektiert, die den begnadigten Tempelherrn seither ausgesprochen verstört hat. Auch die Unzuverlässigkeit des Fürsten darf in diesem Gemälde nicht fehlen. So sehr Saladin momentan von dem unbekannten Neffen beeindruckt war, er hat bald darauf ihn und alles, was er mit ihm vorhatte, „ganz vergessen" (III, 7). Impulsiv und hastig ist er, und obgleich er damit die erfreulichsten Familienbeziehungen und Freundschaften knüpft, wussten die Bürger, für die Lessing schrieb, doch zu ge-

Tötung von Kriegsgefangenen

Begnadigung aus persönlicher Willkür

Problematische Impulsivität

nau, dass sie sich von einem geregelten, verfahrensmäßigen Regierungsgeschäft mehr versprechen konnten als von den spontanen Einfällen ihrer Despoten.[51]

Helmut Göbel beleuchtet im folgenden Auszug die Folgen der Aufklärung auf das gesellschaftliche Gefüge und vor allem auf das Verständnis von Religion im 18. Jahrhundert.

Das Programm der Aufklärung spricht vor allem den Bürger in den Städten und auf dem Land an, der lernen soll (und will?), um am „Licht" der Vernunft teilzuhaben, um aus den „finsteren" Zeiten des Mittelalters und seinen dogmatischen Vorstellungen, die sich vor allem noch in der feudalen Fürsten- und Kirchenherrschaft erhalten hatten, herauszukommen.

Aufklärung als Versprechen einer besseren Zukunft

Die neue Vernunftsphilosophie richtet ihre Kritik daher auch gegen Rechts- und Staatsphilosophie und Theologie. Dem aufgeklärten, vernünftigen Menschen müssen Recht und Religion einsichtig werden, blinder Glaube und blinder Gehorsam sind widervernünftig, verleiten zu Gewalt, Leichtgläubigkeit und zu Aberglauben, Andächtelei und Schwärmerei.

Eine der bedeutendsten Konsequenzen dieser Philosophie ergab sich aus der Annahme der allgemeinen Verbindlichkeit der Vernunftgesetze. Aus ihnen folgt, dass sie überall und in allen Lebensgebieten schlechthin gelten müssen. Das heißt ferner, dass sie für alle Menschen gleichwertig gültig sein müssen und dass aus dieser Gleichheit auch die für alle Menschen gleichen Rechte und Pflichten zu entwickeln sind. Hierin lag angesichts der tatsächlichen Ungleichheit die politische Brisanz der Aufklärung: Warum sollen für den Landesherrn andere Rechte gelten als für den Kaufmann,

„Annahme der allgemeinen Verbindlichkeit der Vernunftgesetze"

Gleiche Rechte und Pflichten für alle

---

51 Bauer, S. 57–62.

	Handwerker oder Bauern? Ist es nicht auch wider die Vernunft, dass ein Christ mehr Rechte hat als ein Jude? Worauf gründen sich denn die unterschiedlichen Rechte? Sind sie mit der Vernunft vereinbar? Ja, sind die Offenbarungsschriften, Altes Testament, Neues Testament und Koran mit der Vernunft vereinbar? Muss nicht auch die Religion den Maßstäben der Vernunft unterworfen werden? Sind es nicht allgemeine vernünftige Maßstäbe, die das Zusammenleben aller Menschen garantieren müssen?
Geltung der Maßstäbe der Vernunft auch für die Religion	

Diesen Fragen ging man nun nach. Auch hier unterscheidet sich das gelehrte Deutschland in der Vorsicht seiner Antworten von Englands und Frankreichs Radikalität. Die Unterschiede liegen, vereinfacht gesehen, darin, für wie verbindlich die theoretisch gefundenen Antworten im täglichen Leben gehalten werden. So übernahmen die deutschen und vor allem einige protestantische Theologen aus England und den Niederlanden die radikalen und kritischen Fragen nach der Vernünftigkeit des Bibeltextes. Sie kamen wie ihre Vorgänger zu den gleichen radikalen und vernünftigen Ergebnissen: Die Bibel ist nicht von Gott geschrieben; die Unterschiede der Menschen, die sich aus den verschiedenen Religionen herleiten, sind also von Menschen gemachte, unnatürliche Unterschiede. Die moralischen Lebensvorschriften, die man aus den biblischen Texten ableitet, sind nicht für den Buchstaben des Textes, sondern den Grundsätzen der Vernunft nach einzurichten. Hier treffen sich dann Staatsrechtler, Theologen und Philosophen. Was in England im 17. Jahrhundert beginnt, die Gesellschaft zu verändern, was sich in den amerikanischen Oststaaten politisch manifestierte und in Frankreich radikal in die Revolution 1789 einging, blieb in den deutschen Staaten in der gelehrten Diskussion unter den Universitätsprofessoren stecken und erreichte nur gelegentlich den Bürger. Die Konservativen, Pastoren und amtlichen Kirchenvertreter blieben weithin vom Einfluss der radikalen Theo-

Ausbleiben des Schritts von der Theorie zur Praxis in Deutschland

retiker auf die Gemeindemitglieder „verschont". Zu den Ausnahmen in Deutschland zählten der Jurist und Philosoph Christian Thomasius (1655–1728), für das Judentum Moses Mendelssohn (1729–1786) und schließlich Gotthold Ephraim Lessing (1729–1781).[52]

Thomas Koebner interpretiert im folgenden Textauszug die Ringparabel und hebt deren humane Botschaft, die auf Annäherung und Verständigung der Menschen zielt, hervor.

Lessing hat den Torso seiner Geschichte einer Erzählung aus Giovanni Boccaccios *Decamerone* entnommen, ergänzt die Ring-Parabel aber um eine denkwürdige Fortsetzung. Gleich zu Beginn verkündet Nathan, dass alle Welt seiner Rede zuhören könne und möge: nicht nur eine Betonung ihrer Bedeutung (bezeichnend genug ist sie in die Mitte des Dramas gesetzt), sondern auch eine Versicherung seiner Unbefangenheit und Unbescholtenheit. Dramaturgisch bedeutet dies eine Wendung zum Publikum, ein geringfügiges Heraustreten aus der Rolle. Zugleich aber lässt diese Eingangsformel erschließen, dass sich das bescheidene Individuum Nathan gleichsam durch seine Erzählung verhüllen will. Diese Zweideutigkeit der Absichten macht sich in der Gestaltung der Fabel selbst bemerkbar: In einer ersten Phase der Ring-Erzählung ist von einem Ring die Rede, in dem ein kostbarer Edelstein eingelassen sei. Der habe die geheime Kraft gehabt, „vor Gott / Und Menschen angenehm zu machen". Lessing fügt dieser Erklärung allerdings eine Einschränkung hinzu, die den Glauben an die Magie des so geschilderten Gegenstands sofort wieder aufhebt: Solche Kraft komme dem Ring allerdings nur zu, wenn er „in dieser

Lessings
Ringparabel

Wendung zum
Theaterpublikum

---

52 Göbel, S. 84 f.

Zuversicht" (vor Gott und Menschen angenehm zu machen) getragen werde (III, 7). Von vornherein raubt Lessing dem zentralen Motiv seiner Erzählung den Charakter des Mysteriösen, des heiligen Gegenstands. Eigentlich sind der Ring und der Stein unwesentlich, denn die erwähnte Gnadengabe muss nicht dem Ring, sondern seinem Träger eigen sein. Immerhin bricht die Verleihung des Rings durch den Vater an den jeweils liebsten Sohn mit sonst geltenden Regeln der Herrschaftsordnung. Ohne Ansehen der Geburtenfolge wird der Empfänger des Rings ausgesucht; es muss sich nicht jedes Mal um den ältesten Sohn handeln. (...) Der Ring hat also allenfalls eine Funktion als ein äußerliches Machtzeichen, wobei diese Macht nicht durch Gewalt über andere Menschen errungen worden ist, sondern im Gegenteil durch einen gleichsam sachten Gewinn ihrer Zuneigung und Liebe. Unter solchen Umständen ist es begreiflich, dass die anderen Söhne (von Töchtern ist nicht die Rede) keinerlei Neid zu empfinden scheinen, wenn sie ihrem Bruder gegenüber zurückgesetzt werden – falls man die Verweigerung des Rings als Zurücksetzung betrachten kann. In jener goldenen Vor-Zeit geben, soll man Lessings Erfindung glauben, die Liebenswürdigkeit, die moralische Lauterkeit, die Gnade Gottes das Maß der Konkurrenz mit anderen ab.

In der zweiten Phase der Ring-Erzählung treten wir aus dem paradiesischen in den historischen Zustand ein. Ein Vater von drei Söhnen, die ihm gleich gehorsam sind, kann sich nicht „entbrechen", sie „folglich gleich zu lieben" (III, 7). Der komplizierte Satzbau und die negative Ausdrucksweise deuten darauf hin, dass hier eine sozusagen unterirdische Störung kaschiert werden soll: Die nur gehorsamen Söhne zeigen offenbar keinerlei Qualität, die die Liebe des Vaters besonders erregt. Er verordnet sich eine Art Gerechtigkeit des Gefühls, die allen drei gleichermaßen zugute kommen soll. Da er jedem einen Ring verspricht – seine "fromme Schwachheit" sei daran schuld –, sieht sich der Vater dazu gezwungen, zwei weitere Ringe anfertigen zu lassen, die dem Original so täuschend ähnlich sind, dass selbst der Vater sie nicht unterscheiden kann. Wir ahnen schon, was nach dem Tod des Vater eintritt: Zank unter den Söhnen, denn jeder will Fürst sein. Dies beweist, dass keiner von ihnen die Eigenschaften aufweist, die ursprünglich den Empfänger des Rings ausgezeichnet haben: vor Gott und den Menschen angenehm zu sein. Der Ring selbst, der bisher nur ein hinweisendes Zeichen für die von innen erworbene Autorität gewesen ist, wird nun zum umkämpften Besitztum. Das Zeitalter des Egoismus und des Geltungsstrebens ist angebrochen, in dem die Legitimation des „Beliebtseins" einfach vergessen worden ist, ebenso wie der tiefere Sinn der Ringverleihung.

Die Kompromisshandlung des unentschlossenen Vaters

Der Zank der Söhne

Der Erzähl-Überlieferung entstammt auch der von Lessing aufgegriffene Vergleich der drei Ringe mit den drei Religionen: wie sich die Ringe nicht mehr genau unterscheiden lassen, so auch nicht die drei Glaubensbekenntnisse. Der Sultan, der dies hört, gebärdet sich zu Recht unwirsch. Erstens hat Nathan unter dem Deckmantel der Ring-Parabel eine Zeitalterlehre vorgetragen, derzufolge durch das Umkippen der alten Weltordnung selbst die Erkenntnis dieser alten Werte abhanden gekommen sei. Zweitens wird das Prinzip des „Wir-werden-es-nicht-erkennen" allzu schnellfertig auf die Erfahrungswelt ausgedehnt. Der Zuhörer muss protestieren – gibt es nicht bei den Religionen Besonderheiten, die in die Augen springen? Nathan versucht, seinen ungnädigen Herrn zunächst dadurch versöhnlich zu stimmen, dass er eine weitere Auslegung hinzufügt: der Vater habe die drei Ringe in eben der Absicht anfertigen lassen, dass man sie nicht unterscheiden könne. Wie aber sind dann die zu Tage tretenden Differenzen zwischen den Religionen zu erklären?

Vergleich der Ringe mit den Religionen

Unzulänglichkeiten der gewählten Analogie

| 1 SCHNELLÜBERSICHT | 2 GOTTHOLD E. LESSING: LEBEN UND WERK | 3 TEXTANALYSE UND -INTERPRETATION |

Übergang von der Gleichnisrede zur Argumentation

Nathan begreift, dass das Spiel mit Symbolen und Metaphern den Sultan nicht zu überzeugen vermag. Der welterfahrene Mann weigert sich, die Logik des Märchens auf die Wirklichkeit zu übertragen. Also wählt Nathan einen anderen Weg und durchbricht die Sphäre des Parabelhaften. Von seiten ihrer „Gründe" würden sich die Religionen nämlich nicht unterscheiden – sie gründen sich auf Geschichte, genauer gesprochen, auf die Überlieferung einer spezifischen Gruppe. Das Glaubensbekenntnis rückt in die Nähe von Ratschlägen und Lebensregeln, die den Kindern beigebracht werden, und zwar von Eltern, die auch sonst „Proben ihrer Liebe" geben. Der Prozess der kulturellen Eingewöhnung in bestimmte Normen und Gedanken wird also an die Liebe der Väter zu ihren Kindern gebunden. Nur in diesem Fall – so müssen wir die Argumentation wohl verstehen – kann auch von „Treu und Glauben" die Rede sein, die den Nachkommenden verbietet, das, was die Väter lehren und leben, in Zweifel zu ziehen. Der aufklärerische Impuls, der Lebenslehren kritischer Prüfung unterziehen will und die Autorität von Dogmen durch neugierige und mutige Nachfragen erschüttert, dieser für Lessing gerade im Streit mit Goeze und anderen konservativen Theologen so wichtige Impuls scheint hier plötzlich aufgehoben. Nathans Einlassung, dem Väterglauben eine Treueerklärung zuzugestehen, erfährt allerdings eine erhebliche Einschränkung dadurch, dass von Liebe und Fürsorge die Rede ist. Fehlen diese Bedingungen, so kann man folgern, ist auch die eigentümliche Gefolgschaft im religiösen Geiste gefährdet. Nathan bemerkt abschließend zu seinem überraschenden Erklärungsversuch: „Kann ich von dir verlangen, dass du deine Vorfahren Lügen strafst, um meinen nicht zu widersprechen?" (III, 3). Nathan überträgt Familiensolidarität auch auf Religionsgemeinschaften. Die Loyalität, durch Liebe und Verdienst um das Wohl des Anderen erworben, erhält höhere Weihe zugesprochen als die rationale Analyse des religiösen Credo (...).

Loyalität vs. rationale Analyse

Die früheren Versionen der Erzählung schließen mit der Fabelmoral, dass für die drei Religionen die nicht zu unterscheidenden drei Ringe stünden. Nathans Wendung der Parabel, jedenfalls am Ende der zweiten Phase, hebt den Wunsch des Vaters hervor, dass die drei Ringe nicht mehr auseinanderzuhalten seien. Der Sultan antwortet nur auf einen Teil der Aussage, nämlich darauf, dass die Ringe, sprich: die Religionen, gleich aussähen – und zu Recht bezweifelt er die Gültigkeit dieser Vereinfachung. Nathan muss also, in der dritten und Schlussphase seiner Erzählung, den schon in seiner Entlastungsrede verdeutlichten Akzent auf die Absicht des Vaters verstärken – die Absicht, dass keinerlei Unterschied in der Behandlung der drei Ringe gemacht werde. Die drei Söhne tragen ihren Streit einem Richter vor, der von Nathan ausdrücklich als der bescheidene Richter angesprochen wird. (…)

<small>Die Absicht des Vaters in der Ringparabel</small>

Der Richter gemahnt seine Zuhörer daran, den ursprünglichen Sinn des Ringbesitzes nicht wegen eitler Ansprüche auf äußerliche Insignien zu vergessen. Er verinnerlicht die Botschaft der Ring-Erzählung und bringt sie damit auf den Punkt, von dem sie bei Lessing ihren Ausgang genommen hat. Es geht nicht darum, den Ring zu erringen, sondern darum, seiner wert zu sein – und dann braucht es ihn nicht mehr. Um dies plausibel zu machen, muss Nathan seinen Richter eine Vermutung aussprechen lassen: Es sei doch möglich, dass der Vater die „Tyrannei des ‚einen' Rings nicht länger / In seinem Hause dulden" wollte. Eine ausgesprochen egalitäre Vorstellung, die weder Über- noch Unterordnung gelten lassen will, unterstellt hier der Richter dem Erblasser und gibt gleichsam den „letzten Willen" als geschichtlichen Grund an, damit die Kinder sich gleichberechtigt wissen. Die Tugenden, die die Söhne an den Tag legen sollen, zeugen für friedfertige, anti-hierarchische Gesinnung und opponieren der Konkurrenz von Geltungsbedürfnis und Besitzgier: Liebe, die frei von Vorurteilen ist; Sanftmut und herzli-

<small>Der Ring nicht als Lohn, sondern als Anspruch eines jeden an sich selbst</small>

<small>Aufhebung des Vorrangs</small>

Eine sanfte Utopie

che Verträglichkeit; Wohltun und innigste Ergebenheit in Gott. Es sind Kräfte der Annäherung und Verständigung, die hier angeführt werden und den gesellschaftlichen Charakter dieses sanften, die unmäßigen Triebe und Leidenschaften „sublimierenden" Gegenentwurfs zur vorhandenen Welt betonen. Nathan lässt seinen Richter gleich an der Möglichkeit zweifeln, diese Vorsätze rasch in die Tat umzusetzen. Auch er denkt, dass sich – und spricht damit wieder auf der Ebene des Märchens – „der Steine Kräfte" wohl erst bei den Kindes-Kindeskindern äußern werden: in über tausend Jahren.[53]

Jan Philipp Reemtsma weist in dem Auszug aus seiner Dankrede zum Lessing-Preis 1997 darauf hin, dass es heute im politischen Raum nicht reicht, sich nur auf sein Mensch-Sein zu berufen. Nathan stehe am Ende des Dramas allein, weil er sein Leid nicht mitteilen könne. Reemtsma beschäftigt die Frage, wie die heutige Gesellschaft mit der privaten Leiderfahrung umgeht.

Nathans Ausgeschlossenheit aus der Gemeinschaft

Menschsein ist keine politische Kategorie, sondern eine private. Als Menschen sind wir ungleich, als politische Akteure können wir Gleichheiten fordern. Wo wir „nichts als ein Mensch zu sein" wünschen, haben wir – politisch – bereits verloren. Wir empfehlen uns, statt uns auf Rechte berufen zu können, der willkürlichen Zuneigung an. Tatsächlich hat Nathan nichts als seine Rhetorik von Menschlichkeit und Freundschaft. Das Stück weist ihm keine Gruppe, Gemeinde, Gemeinschaft zu, deren Teil er wäre. (…) Die Lebensgeschichte Nathans wird kein Teil der Welt, die er mit den anderen teilt. Und damit wird auch er nur zu Teilen Teil dieser Welt. Das ist es, was den Schluss des Stückes so seltsam macht, das ist es auch, warum man, obwohl von „allseitigen Umarmungen" die Rede ist,

---

53 Koebner, S. 151–158.

Nathan beiseite stehen sieht. (...) Was im Ernst auch sollte Nathan bei den Glücklichen! Der Teil der Geschichte, der auf ihm lastet, soll verborgen bleiben und kann doch nicht abgeworfen werden. Er hat keinen privaten und keinen öffentlichen Ort. Wer heute einen „Nathan" schriebe, könnte die Morde von Gath nicht in Schweigen gehüllt stehenlassen (...).

Die Geschlossenheit der Figur Nathans liegt in seinem Schweigen begründet. Das Angedenken der Morde von Gath ist in seinem Innern verschlossen und gelangt nicht in die Welt. (...) Nathans Geschlossenheit ist die Kehrseite einer Gesellschaft, die, so wie sie auf dem Theater skizziert ist, das Leid aus sich ausschließt. Es droht das Wort von der Menschheitsfamilie, in der alles harmonisch sich verbindet, vor allem Öffentlichkeit und Privatheit ununterscheidbar werden. Die politischen Risiken dieses auch in der Aufklärung selten ganz ernstlich geträumten Traumes brauche ich nicht zu erwähnen (...). Nathans Schweigen

Die Sphäre der Öffentlichkeit kann die Fähigkeit zum Mitleid in vielerlei Weise instrumentalisieren, sehr wohl zum Guten, und der Nachgeschmack nach Kitsch, der zuweilen bleibt, ist uninteressant. Doch gestalten lässt sich, was nicht dem Privaten zugehörig ist, mit diesem Gefühl nicht. Es ist dem bloßen Menschsein verbunden und so wenig politisch wie dieses. Das »bloße Menschsein« und der mitleidige Affekt kommen mit der Komplexität der Wirklichkeit nicht zurecht. Das macht ihre Kraft in manchen Situationen ebenso aus, wie die Unmöglichkeit, auf ihrer Basis allein umsichtig zu handeln. Im *Nathan* sehen wir Größe und Grenzen des Mitleids in der Szene, wo Nathan seine Erinnerungen dem Klosterbruder mitteilt. „Allgerechter!", sagt dieser und: „Ach! Ich glaubs Euch wohl!", als Nathan über den „unversöhnlichsten Hass" spricht, den er dem Christentum damals zugeschworen habe. Kein Erschrecken, reine Empathie. (...) Ebenso hört man Nathan immer gegen die leere Mitleid als problematische Empfindung

Sorge um die Welt

Blick in die Hölle

Zerbrechlichkeit
der Persönlichkeit

Allgemeinheit einer Maximenethik angehen. Das ist keine Lebensklugheit, keine Gewitzt- oder Gewetztheit, sondern Ausdruck einer Sorge um die Welt, die aus dem Wissen um ihre Fragilität kommt. (...) Sorge um die Welt, nicht weil sie liebenswert sei, sondern weil Nathan – zu Gath – einen Blick in die Hölle getan hat. Was Lessing aus dem Schmerz um Frau und Kind, einer Lebenskatastrophe, (...) empathisch zugänglich war, lesen wir und können es mit Recht historisch rückprojizieren aus den Lebensgeschichten Überlebender. Was für Nathan, nach Lessings Konzept, nur im privatesten Gespräch seinen Ort hatte, steht heute in der Öffentlichkeit, nicht als Widerlegung, sondern als vexierbildhafte Bestätigung, zu der die Geschichte nötigte. „Wir (haben) gelernt", schreibt Primo Levi, „dass unsere Persönlichkeit zerbrechlich ist, dass sie weit mehr in Gefahr ist als unser Leben. Könnte aus unserem Lager eine Botschaft hinausdringen zu den freien Menschen, so lautete sie: Sorget, dass euch in euerm Heim nicht geschehe, was uns hier geschieht!" Diese Sorge ist das offenbare Geheimnis der Weisheit und scheinbaren Güte Nathans (...).[54]

---

54 Reemtsma in: *DIE ZEIT*, 12/97.

6. PRÜFUNGSAUFGABEN MIT MUSTERLÖSUNGEN

Unter www.königserläuterungen.de/download finden Sie im Internet zwei weitere Aufgaben mit Musterlösungen.

Die Zahl der Sternchen bezeichnet das Anforderungsniveau der jeweiligen Aufgabe.

Die im *Nathan* thematisierten Problemfelder betreffen das Religionsverständnis (Stichworte: Wunderglaube, Absolutheitsanspruch der Religion, Religion und politische Macht) und das Zusammenleben in der „Menschheitsfamilie" (Stichworte: Humanität und Toleranz).

Darüber hinaus sind komparatistische Aufgabenstellungen denkbar, bei denen *Nathan der Weise* mit anderen literarischen Werken in Beziehung gesetzt wird. So könnte die Dialektik der Aufklärung im Zuge eines Vergleichs mit Schillers *Die Räuber* erarbeitet werden; für die Thematisierung des Humanitätsideals bietet sich der Vergleich mit Goethes *Iphigenie* an, Moral und gesellschaftliche Realität können mit Blick auf Büchners *Woyzeck* untersucht werden.

Aus diesen Problemfeldern erwachsen folgende mögliche Aufgabenstellungen:

| 1 SCHNELLÜBERSICHT | 2 GOTTHOLD E. LESSING: LEBEN UND WERK | 3 TEXTANALYSE UND -INTERPRETATION |

Aufgabe 1 *

Thema: Vernunftappell/Glaube an die Lernfähigkeit des Menschen

Charakterisieren Sie den Tempelherrn. Entspricht der Tempelherr dem Menschenbild der Aufklärung?

Mögliche Lösung in knapper Fassung:

CHARAKTERISIERUNG

Der Tempelherr Leu von Filnek (seinen Namen erfährt er erst am Ende von Nathan) ist eine der zentralen Figuren des Dramas. Sein Vater ist Assad, der Bruder Saladins, erzogen wird er von seinem Onkel Conrad von Stauffen.

Leu gehört während des Kreuzzuges dem Orden der Tempelherren an. Er wird von Saladin gefangen genommen und wegen seiner Ähnlichkeit mit Assad als Einziger begnadigt, die anderen Gefangenen werden hingerichtet. Für den Tempelherrn ist dies der Beginn eines Lebens mit einer neuen Identität. In III, 8 erkennt er, dass das Ereignis sein Denken verändert hat: „Ich hab in dem gelobten Lande (...) / Der Vorurteile mehr schon abgelegt. – / Was will mein Orden auch? Ich Tempelherr / Bin tot; war von dem Augenblick ihm tot, / Der mich zu Saladins Gefangnen machte. / Der Kopf, den Saladin mir schenkte, wär / Mein alter? – Ist ein neuer; der von allem / Nichts weiß, was jenem eingeplaudert ward, / Was jenen band. – Und ist ein bessrer; für / Den väterlichen Himmel mehr gemacht." (V. 2132–2142) Im Drama stellt der Tempelherr einen sich entwickelnden, lernfähigen Charakter dar, dessen von Humanität bestimmtes Denken seines neuen Lebens durch Rückfälle in altes, vorurteilsbelastetes Denken gefährdet scheint.

Dass es se nem ritterlichen Ehrverständnis widerspricht, sich für Spionagetätigkeiten herzugeben statt für die christliche Sache zu kämpfen, wird in seiner Reaktion auf die Bitte des Patriarchen in I, 5 erkennbar. Leu lässt sich zu keiner Handlung bewegen, die gegen seine innere Überzeugung verstößt, selbst wenn der Befehl vom Orden oder gar von Gott selbst käme (vgl. V. 684 f.).

Diesem positiven Charakterzug stehen auf der anderen Seite religiös bedingte Vorurteile gegenüber: So rettet er zwar das vermeintlich jüdische Mädchen Recha aus den Flammen; Dank will er dafür jedoch nicht, noch viel weniger will er eine Einladung Nathans annehmen, „er kömmt zu keinem Juden" (V. 528). Sein Pauschalurteil „Jud' ist Jude" (V. 777) zeugt von der Verachtung des jüdischen Glaubens. In seiner Begründung für diese Verachtung bezieht er im Gespräch mit Nathan die anderen monotheistischen Religionen mit ein, die ihren Absolutheitsanspruch vom Judentum übernommen hätten: „Wie? wenn ich dieses Volk nun, zwar nicht hasste, / Doch wegen seines Stolzes zu verachten, / Mich nicht entbrechen könnte? Seines Stolzes; / Den es auf Christ und Muselmann vererbte, / Nur sein Gott sei der rechte Gott!" (V. 1291–1295).

Nathan deckt Widerspüche in Handlung und Rede des Tempelherrn auf, wenn er auf dessen Auskunft, er habe Recha lediglich aus Pflichtdenken und Lebensüberdruss (vgl. V. 1210 ff.) heraus gerettet, als „[g]roß und abscheulich" (V. 1221) bewertet. Den „guten Kern" (vgl. V. 1197f.) des Tempelherrn legt Nathan durch sein Bekenntnis zu einer religionsunabhängigen Humanität frei (vgl. V. 1273 f.). Freimütig äußert er die Hoffnung, dass sich der Tempelherr als ein Gleichgesinnter erweisen werde: „Ah! wenn ich einen mehr in Euch / Gefunden hätte, dem es g'nügt, ein Mensch / Zu heißen!" (V. 1311–1313). Dieser Beweis seiner Menschenkenntnis und Sympathie veranlasst den Tempelherrn, Nathan um Verzeihung zu bitten, ihn „(...) einen Augenblick verkannt zu haben" (V. 1315). Auf dem gemeinsamen Bekenntnis zu Humanität und Toleranz gründet sich ihr Wunsch Freundschaft zu schließen.

Der Tempelherr verliebt sich in Recha, wodurch er in einen Gewissenskonflikt mit den Feindbildern und Keuschheitsregeln seines Ordens gerät: Zum einen ist die Verbindung mit einer Jüdin für einen Christen völlig undenkbar, zum anderen widerspricht sie dem Keuschheitsgelübde der Tempelherren (vgl. III, 8). Leu entscheidet sich für die Liebe zu Recha, da er davon ausgeht, dass die alten Regeln für sein neues Leben nicht mehr gültig seien (vgl. V. 2139 f.).

Die als Zurückweisung empfundene Vertröstung durch seine neue Familie – Leu nennt Nathan „Vater" (V. 2178) – und die Wahrheit über Rechas christliche Abstammung lassen den Tempelherrn jedoch an Nathans Ehrlichkeit und an den Werten seines neuen Lebens zweifeln. Der Rat, den er in dieser Lage bei einem Vertreter seiner alten Glaubensfamilie, dem Patriarchen, einholt, kann seine neu gewonnene Überzeugung aber nicht mehr ins Wanken bringen. Er durchschaut die dogmatische Intoleranz des Bischofs – „Schade, dass ich nicht / Den trefflichen Sermon mit bessrer Muße / Genießen kann!" (V. 2583–2585) – und gibt den Namen Nathans nicht preis.

Im Gespräch mit Saladin, bei dem der Tempelherr anschließend Rat sucht, bewertet er seinen Gang zum Patriarchen als Ausdruck von „Leidenschaft" (V. 2807) und „Unentschlossenheit" (V. 2808). Als das Gespräch auf Recha und Nathan kommt, fällt der Tempelherr erneut in sein altes vorurteilsbeladenes Denken zurück und muss sich dafür vom Sultan zurechtweisen lassen (vgl. V. 2783). Saladin will zwischen beiden Parteien vermitteln und verspricht Leu seine Hilfe beim Zustandekommen der Verbindung mit Recha.

In V, 3 gelangt Leu zur Einsicht, dass seine eigene Raserei Nathan in große Gefahr bringen kann, und ihm wird bewusst, dass Rechas „wahrer Vater" (V. 3249) Nathan bleibt. In dem folgenden Dialog verständigt er sich mit Nathan, indem er die Gründe für den Gang zum Patriarchen darlegt; auf der anderen Seite wird seine Bitte um die Hand Rechas erneut zurückgewiesen, und zwar durch den Hinweis auf einen Bruder, der über die Werbung entscheiden müsse. Rechas Bekenntnis zu ihrem Ziehvater interpretiert er als weitere Zurückweisung – „Nun! so hab ich mich betrogen" (V. 3709) –, und der Rückfall in sein altes Denken ist vorgezeichnet. Mit großer Bitterkeit bezichtigt er Nathan des Betrugs: „Er hat / Ihr einen Vater aufgebunden: – wird / Er keinen Bruder für sie finden?" (V. 3753–3755). Für diesen Vorwurf wird er von Saladin hart getadelt (vgl. V. 3755–3758). Dass Recha seine Schwester sein soll, kann Leu zunächst nicht fassen; schließlich aber ist er Nathan sogar dankbar für diese unerwartete Wendung der Verhältnisse: „Ihr nehmt und gebt mir, Nathan! / Mit vollen Händen beides! – Nein! Ihr gebt / Mir mehr, als Ihr mir nehmt! unendlich mehr!" (V. 3803–3805). Der Tempelherr findet am Ende die Familie, die seinem neuen Denken entspricht. Seine Figur, die sich immer wieder von Leidenschaft hinreißen lässt und in altes, vorurteilsbeladenes Denken zurückfällt, zeigt, dass eine humane Lebenseinstellung mühsam erlernt werden muss und dass dieser Lernprozess ständig in Gefahr ist zu scheitern.

Die Figur des Tempelherrn ist ein gutes Beispiel für das Menschenbild der Aufklärung, die den Menschen immer wieder in Gefahr sieht, seine einmal erlangte Freiheit zu verlieren. Immanuel Kant hat dies in seiner *Beantwortung der Frage: Was ist Aufklärung?* (1784) so formuliert:

TEMPELHERR UND AUFKLÄRUNG

„Satzungen und Formeln, diese mechanischen Werkzeuge eines vernünftigen Gebrauchs oder vielmehr Missbrauchs seiner Natur-

| 1 SCHNELLÜBERSICHT | 2 GOTTHOLD E. LESSING: LEBEN UND WERK | 3 TEXTANALYSE UND -INTERPRETATION |

gaben, sind die Fußschellen einer immerwährenden Unmündigkeit. Wer sie auch abwürfe, würde dennoch auch über den schmalesten Graben einen nur unsicheren Sprung tun, weil er zu dergleichen freier Bewegung nicht gewöhnt ist. Daher gibt es nur wenige, denen es gelungen ist, durch eigene Bearbeitung ihres Geistes sich aus der Unmündigkeit herauszuwickeln und dennoch einen sicheren Gang zu tun."

Der Tempelherr hat sich aus seiner Unmündigkeit befreien können und durch alle Gefährdungen durch traditionelle „Satzungen und Formeln" hindurch einen festen aufgeklärten Standpunkt gefunden. Er ist ein Beispiel für den optimistischen Glauben der Aufklärung, dass der durch seinen Verstand geleitete Mensch zu gutem Handeln fähig wird.

Aufgabe 2 **

Thema: Absolutheitsanspruch der Religion

Fassen Sie zusammen, wie es zur Erzählung der Ringparabel in Szene III, 7 kommt. Erarbeiten Sie eine Interpretation der Parabel und berücksichtigen Sie dabei auch die Quelle der Parabel bei Boccaccio.

KONTEXT DER „RINGPARABEL"

Mögliche Lösung in knapper Fassung:

In Szene III, 4 erwarten Saladin und Sittah die Ankunft Nathans, den sie um einen Kredit bitten wollen. Saladin äußert seine Abneigung gegen den Plan, Nathan eine Falle zu stellen. Sittah überredet ihn jedoch, ihren Plan zu unterstützen, da es auch Vergnügen bereite zu sehen, auf welche Weise ein weiser Mann sich aus einer solchen Verlegenheit befreie.

In Szene III, 5 tritt Nathan auf. Er missdeutet das Anliegen des Sultans. Zunächst geht er davon aus, dass Saladin ihn rein aus geschäftlichen Interessen heraus habe rufen lassen; dann meint er, der Sultan wolle Neuigkeiten über feindliche Aktivitäten in Erfahrung bringen, die Nathan auf seiner Reise bemerkt haben könnte. Der Sultan aber konfrontiert ihn überraschend mit der Frage nach der wahren Religion: „Was für ein Glaube, was für ein Gesetz / Hat dir am meisten eingeleuchtet?" (V. 1840 f.). Er gibt Nathan einige Minuten Bedenkzeit, um sich eine Antwort zurechtzulegen.

Nachdem die Frist verstrichen ist, erzählt Nathan Saladin die Geschichte von den drei Ringen. Er wendet sich dabei ausdrücklich nicht nur an den Sultan, sondern an die „ganze Welt" (V. 1895). Dieser Hinweis unterstreicht die Bedeutung und Allgemeingültigkeit der nun folgenden Gleichniserzählung:

Ein Mann besitzt einen Ring, der seinen Träger vor Gott und Menschen „angenehm" (V. 1916) macht, wenn er in dieser Zuversicht getragen wird. Der Ring wird vererbt und bestimmt jeweils den am meisten geliebten Sohn zum Nachfolger als „Fürst[en] des Hauses" (V. 1927).

Ein Nachfahre hat nun aber drei Söhne, die er alle in gleicher Weise liebt. Er lässt Kopien des Ringes anfertigen – mit dem zweifellos unbeabsichtigten Erfolg, dass sich nach seinem Tode die Söhne erfolglos um die Nachfolge streiten.

Nathan überträgt die Frage nach der Unterscheidung der drei Ringe auf die Frage nach der richtigen Religion. Dem Einwand Saladins, man könne die Religionen sehr wohl unterscheiden, begegnet Nathan mit der Feststellung, dass die Herkunft der Religion jeweils „auf Treu und Glauben" (V. 1977 f.) von den Angehörigen der jeweiligen Religionsgemeinschaft angenommen werden müsse.

Nathan erzählt die Geschichte weiter: Die drei Brüder führen gegeneinander Klage vor einem Richter. Der Richter vermutet, dass der Originalring verloren gegangen sein könnte, da der Streit der drei zeige, dass die Kraft des Ringes nicht wirke.

Der Richter gibt den Brüdern den Rat, sie mögen an die Kraft des eigenen Ringes glauben und diese durch eine tolerante, gottesfürchtige und humanistische Lebensführung erweisen. In einigen tausend Jahren werde ein weiserer Richter die Frage nach dem richtigen Ring beantworten können.

Saladin erkennt, dass er nicht der angesprochene Richter ist; er ist von Nathans Geschichte tief beeindruckt und bittet ihn um seine Freundschaft. Nathan bietet ihm von sich aus einen Kredit an.

INTERPRETATION

Lessing bedient sich zur erzählerischen Umsetzung seiner Lehre der literarischen Form der Parabel (vgl. Kapitel 3.1). Diese Form, deren charakteristisches Merkmal die Aufteilung in eine Bild- und eine Sachhälfte ist, die interpretativ erschlossen werden muss, ermöglicht die verschlüsselte Darstellung einer allgemeinen Lehre und ihre Anwendung auf verschiedene Sachverhalte. Im Kontext der religiösen Auseinandersetzungen im *Nathan* und des „Fragmenten-Streits" Lessings mit Goeze lässt sich als Sachhälfte der religiöse Konflikt erschließen. Die Lehre der Parabel besteht in einem Aufruf zu religiöser Toleranz und Mitmenschlichkeit.

Der wichtigste Unterschied zwischen der Ringparabel im *Nathan* und der entsprechenden Erzählung im *Decamerone* besteht darin, dass bei Lessing die Aufforderung des Richters ergeht, die Echtheit des Rings durch seine Wirkung in den Bereichen „Nächstenliebe", „Sanftmut" und „Toleranz" zu erweisen: „Es eifre jeder seiner unbestochnen / Von Vorurteilen freien Liebe nach! / Es strebe von euch jeder um die Wette, / Die Kraft des Steins in seinem Ring' an Tag / Zu legen! komme dieser Kraft mit Sanftmut, / Mit herzlicher Verträglichkeit, mit Wohltun, / Mit innigster Ergebenheit in Gott, / Zu Hülf'!" (V. 2041–2048).

Aufgabe 3 ***

Thema: Toleranz

Fassen Sie den Inhalt der Szene IV, 7 kurz zusammen und erläutern Sie ihre Funktion für das ganze Drama. Welche Bezüge erkennen Sie zwischen der Erzählung Nathans und dem ideellen Kern der Ringparabel? Setzen Sie sich mit diesem ideellen Kern auseinander.

Mögliche Lösung in knapper Fassung:

In Szene IV, 7 wird die Herkunft Rechas im Gespräch Nathans mit dem Klosterbruder aufgeklärt: Es ist Nathan bewusst, dass die Aufdeckung der Wahrheit über Rechas Herkunft zur Folge hat, dass er nicht länger – zumindest nicht mehr vor den Augen der Welt – als Rechas rechtmäßiger Vater gelten wird, auch wenn er es gerne weiterhin sein möchte. Der Klosterbruder erzählt Nathan von seinem Dienst beim Patriarchen und wie dieser ihn für Kundschaftertätigkeiten benutzt. So müsse er nun herausbekommen, welcher Jude ein christliches Kind erzogen habe, weil dem Patriarchen ein diesbezügliches Gerücht zu Ohren gekommen sei.

FUNKTION UND INHALT

Die Herkunft Rechas enthüllt sich nun dem Publikum: Als Reitknecht hat der Klosterbruder selbst 18 Jahre zuvor dem Nathan einen Säugling überbracht, dessen Mutter zuvor gestorben war und dessen Vater, Wolf von Filnek, das Kind wegen des Krieges nicht hatte bei sich behalten können und kurz darauf ebenfalls gestorben ist. Der Klosterbruder sichert Nathan zu, ihn nicht zu verraten; nur in Nathans Obhut und durch seine Erziehung sei Recha der Mensch geworden, der sie heute sei. Außerdem äußert der Klosterbruder sein Unverständnis darüber, dass Christen die jüdische Tradition ihres Glaubens so oft vergessen.

Nathan erzählt dem Klosterbruder daraufhin seine eigene Geschichte: Wenige Tage, bevor er das kleine Kind bei sich aufnahm, hatten Christen seine Familie getötet; seine Frau und seine sieben Söhne sind im Haus des Bruders verbrannt (daher auch die Sorge um Recha im ersten Aufzug). Er selbst, Nathan, habe sich daraufhin gegen Gott gewandt und allen Christen unversöhnlichen Hass geschworen. Nach drei Tagen des blinden Zorns sei er aber wieder allmählich zur Besinnung gekommen. Seine Vernunft sei zurückgekehrt und habe ihn zum Weiterleben mit Gottvertrauen und Nächstenliebe veranlasst. In eben diesem Stadium seiner Trauer habe ihm der Klosterbruder Recha übergeben.

Wenn ihm nun jemand Recha wegnehmen wollte, so müsste dieser größere Rechte auf sie haben. Aus diesem Grunde möchte Nathan vom Klosterbruder Näheres über die Verwandten Rechas erfahren. Die Vermutung Nathans, dass ihr Onkel ein Conrad von Stauffen gewesen sei, kann der Klosterbruder vage bestätigen; ein Gebetbuch, das der Klosterbruder dem toten Wolf von Filnek abgenommen hat und das die Namen der Angehörigen enthält, soll Aufklärung bringen.

Am Ende der Szene vermutet Nathan, dass Daja dem Patriarchen das Geheimnis um die Herkunft Rechas verraten hat.

BEZÜGE ZUR RINGPARABEL

In der Szene kommt Nathans humane Grundeinstellung zum Ausdruck. Obgleich Christen seine eigene Familie getötet haben, ist er bereit, ein christliches Kind aufzunehmen und zu versorgen.

In den Gesprächen mit Recha, Daja, dem Tempelherrn und vor allem dem Sultan legt Nathan seine Vorstellung von religiöser Toleranz dar. Er glaubt an das durch die Wirkung des Verstandes in jedem Menschen hervorzubringende Gute, das zu wahrer Humanität befähigt, die sich im praktischen Tun erweist (vgl.

vor allem V. 1271–1274 und III, 7). Die Ringparabel führt Saladin zur Erkenntnis, dass er nicht über die Weisheit verfügt, die Frage nach der wahren Religion zu entscheiden (vgl. V. 2057– 2059). Er erkennt die Lehre der Ringparabel (vgl. V. 2041– 2048) und die Bewährung des Glaubens im praktischen Handeln. Seine freudige Erkenntnis, dass gutes Handeln weitere gute Taten nach sich zieht (vgl. 2104–2106), verbindet ihn mit Nathans Glaube an das Gute im Menschen, das zu menschenfreundlichem Handeln befähigt (vgl. V. 2041– 2048).

Nathan legt als Erzieher des Tempelherrn dessen guten Kern frei. Sein Optimismus und seine Geduld werden in II, 5 belohnt, als er den Tempelherrn von einer Position der Verachtung der Juden (vgl. V. 1289–1302) und einer Ethik bloßer Pflichterfüllung (vgl. V. 1213–1216) hin zur Bejahung von Freundschaft und wahrer Humanität bringt: „Sind Christ und Jude eher Christ und Jude, / Als Mensch? Ah! Wenn ich einen mehr in Euch / Gefunden hätte, dem es g'nügt, ein Mensch / Zu heißen!" (V. 1310–1313).

Nathan ist als Hauptfigur und Namensgeber nicht nur der Träger des ideellen Kerns des Dramas, er führt durch die Entdeckung der verwandtschaftlichen Beziehungen auch die Lösung des Spannungsknotens herbei (vgl. V, 5).

AUSEINANDERSETZUNG

Der Appell, Toleranz – insbesondere auch religiöse und kulturelle Toleranz – zu üben, ist angesichts der heutigen innen- und weltpolitischen Konflikte natürlich nach wie vor von großer Aktualität. Ein Kritikpunkt könnte so formuliert werden, dass die Praktizierung von Toleranz in sich die Gefahr birgt, sich totalitären Weltanschauungen auszuliefern. Außerdem könnte sie zu einer Haltung führen, die im Lichte der Toleranz keinen Unterschied mehr zwischen richtig und falsch macht, die also aus Rücksicht auf die Werte anderer gar keine verbindlichen Werte (etwa auf der Basis der allgemeinen Menschenrechte) mehr zu vertreten wagt. Toleranz darf nicht als passive Haltung missverstanden werden, für sie muss auch bei Gruppen, die Intoleranz lehren und praktizieren, geworben werden. Dass sie nicht zur Passivität gegenüber autoritären Dogmatikern verurteilt, zeigt das Verhalten des Tempelherrn im Gespräch mit dem machtbewussten und intoleranten Patriarchen.

Aufgabe 4 ***

Thema: „Menschheitsfamilie"

Wie vollzieht sich die Aufklärung der Verwandtschaftsverhältnisse? Welche Intention Lessings könnte sich hinter dieser Lösung vermuten lassen? Überprüfen Sie kritisch die aufklärerische Vorstellung von der „Menschheitsfamilie".

Mögliche Lösung in knapper Fassung:

AUFKLÄRUNG DER VERWANDTSCHAFTSVERHÄLTNISSE

Die Verwandtschaftsverhältnisse werden sukzessive aufgeklärt: Im ersten Aufzug deutet Daja an, dass Recha die Pflegetochter Nathans ist (I, 1 und I, 4). Im zweiten Aufzug erfährt Nathan den Namen des Tempelherrn, Curd von Stauffen. Ihm fällt dessen Ähnlichkeit mit Wolf von Filnek auf (II, 7). Im dritten Aufzug deutet Daja an, dass Rechas Heimat Europa ist (III, 1). Der Vater des Tempelherrn ist Conrad von Stauffen, den Nathan gekannt hat (III, 9). Recha ist also Christin (III, 10). Im vierten Aufzug findet Sittah ein Bild Assads (IV, 3). Der Tempelherr gleicht Assad sowohl im Aussehen als auch in Charakterzügen (IV, 4), er könnte, so Saladin zu Sittah, womöglich der Sohn Assads sein, wenn man sich dessen Vorliebe für „Christendamen" vor Augen halte (IV, 5). Rechas Vater ist Wolf von

Filnek, ihr Onkel vermutlich Conrad von Stauffen (IV, 7). Im fünften Aufzug liefert das Gebetbuch des im Kampf gefallenen Ritters Wolf von Filnek, Rechas Vater, Nathan den Beweis für die Abstammung Rechas (V, 4). Recha erfährt von Daja, dass sie Christin ist (V, 6). Der Tempelherr und Recha sind Geschwister, ihr Vater ist tatsächlich Assad, der Bruder Saladins und Sittahs (V, 8).

Die Figur Rechas bildet das Zentrum der im Stück entfalteten verwandtschaftlichen Bezüge. Gleichzeitig verkörpert sie den Erfolg der Erziehung Nathans. Sie demonstriert gleichsam die Berechtigung des optimistischen Glaubens der Aufklärung an die Vernunft. Außerdem stellt sie – als Tochter eines zum Christentum konvertierten Muslim und einer Christin, erzogen von einem Juden und einer Christin – die Zentralfigur eines Bildes der die Religionsgrenzen überschreitenden Menschheitsfamilie dar, wie sie am Ende des Dramas in der Aufdeckung der verwandtschaftlichen Beziehungen symbolisch auf der Bühne erscheint.

MÖGLICHE INTENTION LESSINGS

Die Idee von einer gemeinsamen „Menschheitsfamilie" ist die Begründungsbasis allgemeiner, unveräußerlicher Menschenrechte. Diese Menschenrechte haben Eingang in die Verfassungen staatlicher und internationaler Organisationen gefunden, beispielsweise in die Charta der Vereinten Nationen; sie sind einklagbar („Europäischer Gerichtshof für Menschenrechte"), ihre Verletzung wird verfolgt.

KRITIK DER IDEE DER „MENSCHHEITSFAMILIE"

Der Toleranz- und Humanitätsgedanke findet dort seine natürliche Grenze, wo er ideologisch missbraucht wird bzw. wo er von den Gegnern von Toleranz und Humanität instrumentalisiert wird. Die Praktizierung von Toleranz birgt in sich die Gefahr der Wehrlosigkeit gegenüber totalitären Weltanschauungen.

Auch der Freiheitsgedanke muss differenzierter betrachtet werden: Er lässt sich zunächst nicht nur als eine Freiheit *von* etwas bestimmen, sondern vor allem als eine Freiheit *für* etwas. Der Optimismus der Aufklärung sieht vor, dass Menschen immer dann gut handeln, wenn sie verstandesgemäß handeln. Allerdings lässt sich der Verstand auch zur Realisierung schlechten Handelns missbrauchen; ein literarisches Zeugnis davon geben die Brüder Karl und Franz Moor in Schillers *Die Räuber* (1781). „Freiheit" und Gebrauch des Verstandes sind also noch lange keine ausreichenden Kriterien, um Humanität zu verwirklichen. Außerdem lassen sich durchaus Situationen denken, in denen gutes Handeln andere schädigt. Saladin macht diese Erfahrung, als er dringend Geld benötigt. Der Konflikt läuft letztlich auf die Frage hinaus, ob man gutes Handeln als Prinzip – unter unbedingtem Ausschluss schlechter Mittel – betreibt oder ob man in erster Linie das Wohl einer gesellschaftlichen Gruppe im Auge hat, dessen Sicherstellung den Einsatz im ethischen Sinne schlechter Mittel als gerechtfertigt erscheinen lässt. Der Konflikt läuft auf die Alternative von Gesinnungs- und Verantwortungsethik hinaus.

LITERATUR

Die folgende Bibliografie enthält ausschließlich die für die vorliegende Erläuterung verwendeten und für Schüler problemlos greifbaren Quellen. Eine ausführliche Bibliografie findet sich auf der CD-ROM-Ausgabe von Reclam.

Zitierte Ausgabe:
Um mit verschiedenen Ausgaben arbeiten zu können, wird nach Versen zitiert, die bei so gut wie allen *Nathan*-Ausgaben ausgewiesen sind. Textgrundlage dieser Erläuterung ist der Band des Hamburger Lesehefte Verlags:

Lessing, Gotthold Ephraim: *Nathan der Weise. Ein dramatisches Gedicht in fünf Aufzügen.* Husum/Nordsee 2009 (= Hamburger Leseheft Nr. 17, Heftbearbeitung: F. Bruckner und K. Sternelle).

Ausgaben von Lessings Werken:
Lessing, Gotthold Ephraim: *Nathan der Weise. Ein dramatisches Gedicht in fünf Aufzügen.* Stuttgart 2000 (= Reclams Universal-Bibliothek Nr. 3).

Lessing, Gotthold Ephraim: *Nathan der Weise.* Stuttgart: Reclam, 1999 (= Klassiker auf CD-ROM Nr. 7) → mit empfehlenswerter Materialsammlung, wie z. B. Abbildungen.

Lessing, Gotthold Ephraim: *Nathan der Weise. Ein dramatisches Gedicht in fünf Aufzügen.* Mit Materialien. Ausgewählt und eingeleitet von Joachim Bark. Stuttgart, Düsseldorf, Leipzig: Klett, 1998 (= Editionen für den Literaturunterricht) → kleine Materialsammlung, geeignet für einen schnellen Überblick.

Lessing, Gotthold Ephraim: *Die Erziehung des Menschengeschlechts und andere Schriften*. Mit einem Nachwort von Helmut Thielicke. Stuttgart: Reclam, 1965 (= Reclams Universal-Bibliothek Nr. 8968).

Lessing, Gotthold Ephraim: *Über den Beweis des Geistes und der Kraft*. In: Die Erziehung des Menschengeschlechts und andere Schriften. Mit einem Nachwort von Helmut Thielicke. Stuttgart: Reclam, 1965 (Reclams Universal-Bibliothek Nr. 8968), S. 31–38.

Lernhilfen und Kommentare für Schüler:

Kröger, Wolfgang: *Gotthold Ephraim Lessing, Nathan der Weise*. 3. überarbeitete Auflage. München: Oldenbourg, 1998 (= Oldenbourg Interpretationen Bd. 53) → fundierter, anspruchsvoller Kommentar; gut für vertiefende Studien.

Lindken, Hans Ulrich: *Erläuterungen zu Gotthold Ephraim Lessing, Nathan der Weise*. 11. Auflage. Hollfeld: Bange, 1996 (= Königs Erläuterungen und Materialien Bd. 10) → Vorläufer der vorliegenden Lernhilfe.

Rahner, Thomas: *Gotthold Ephraim Lessing, Nathan der Weise*. 3. Auflage. München: Mentor, 1998 (= Mentor Lektüre Durchblick Bd. 301) → geeignet für einen knappen Überblick, sehr übersichtlich.

Rinnert, Andrea: *Gotthold Ephraim Lessing, Nathan der Weise*. Freising: Stark, 2010.

Sedding, Gerhard: *Gotthold Ephraim Lessing, Nathan der Weise*. 8. Auflage. Stuttgart, Düsseldorf, Leipzig: Klett, 1998 (= Klett Lektürehilfen) → enthält alle wesentlichen Aspekte des *Nathan*, gut geeignet für die begleitende Lektüre und die längerfristige Beschäftigung mit dem Werk.

Sekundärliteratur:
Bauer, Gerhard: *Revision von Lessings „Nathan". Anspruch, Strategie, Politik und Selbstverständnis der neuen Klasse.* In: Der alte Kanon neu. Zur Revision des literarischen Kanons in Wissenschaft und Unterricht. Herausgegeben von Walter Raitz, Eberhard Schütz. Opladen: Westdeutscher Verlag, 1976; zitiert nach Lindken, S. 57–62.
Düffel, Peter von: *Erläuterungen und Dokumente. Gotthold Ephraim Lessing, Nathan der Weise.* Stuttgart: Reclam, 1972 (= Reclams Universal-Bibliothek Nr. 8118 [2]) → hervorragende Materialsammlung sowie Wort- und Sacherklärung, unabdingbar für eine tiefer gehende Beschäftigung mit dem Werk.
Gervinus, Georg Gottfried: *Geschichte der poetischen National-Literatur der Deutschen.* Bd. IV. 5. Auflage, herausgegeben von Karl Bartsch. Leipzig: Engelmann, 1873.
Göbel, Helmut (Hg.): *Lessings „Nathan". Der Autor, der Text, seine Umwelt, seine Folgen.* Zitiert nach Lindken, ebd., S. 81–85.
Koebner, Thomas: *Nathan der Weise. Ein polemisches Stück?* In: Interpretationen. Lessings Dramen. Stuttgart: Reclam, 1987 (= Reclams Universal-Bibliothek Nr. 8411), S. 138–207.
Steinmetz, Horst (Hg.): *Lessing – ein unpoetischer Dichter.* Dokumente aus drei Jahrhunderten zur Wirkungsgeschichte Lessings in Deutschland. Frankfurt am Main: Athenäum, 1969.
Strauß, David Friedrich: *Lessings Nathan der Weise.* In: Steinmetz, Horst (Hg.). Lessing – ein unpoetischer Dichter. Dokumente aus drei Jahrhunderten zur Wirkungsgeschichte Lessings in Deutschland. Frankfurt am Main: Athenäum, 1969.
Wiese, Benno von: *Lessing. Dichtung, Ästhetik, Philosophie.* Leipzig: Quelle&Meyer, 1931.

Sonstige Literatur:
Boccaccio, Giovanni: *Das Dekameron.* Übersetzt von Karl Witte. Bd. 1. 3. Auflage. Leipzig: Brockhaus, 1859.
Jaspers, Karl: *Von der Wahrheit. Philosophische Logik.* Bd. 1. München: Piper, 1947.
Dühring, Eugen: *Die Judenfrage als Frage der Racenschädlichkeit für Existenz, Sitte und Cultus der Völker.* 4. Auflage. Berlin: Reuther, 1892. Zitiert nach: Steinmetz, ebd.
Goethe, Johann Wolfgang: *Bericht im „Weimarischen Hoftheater".* In: Goethes Sämtliche Werke. Jubiläumsausgabe. Bd. 36. Stuttgart, Berlin: J. G. Cotta'sche Buchhandlung, 1902–1907.
Kant, Immanuel: *Beantwortung der Frage: Was ist Aufklärung?* In: Kants Werke. Bd. 4. Herausgegeben von Artur Buchenau und Ernst Cassirer. Berlin: Cassirer, 1922.
Reemtsma, Jan Philipp: *Dankrede für den Lessing-Preis.* Aus: DIE ZEIT, 12/97.
Schlegel, August Wilhelm: *Vorlesungen über dramatische Kunst und Literatur. Kritische Ausgabe.* Bd. 2. Herausgegeben von G. Amoretti. Bonn, Leipzig: Schroeder, 1923.
Schiller, Friedrich: *Über naive und sentimentalische Dichtung.* In: Schillers Werke. Nationalausgabe. Bd. 20. Herausgegeben von Benno von Wiese. Weimar: H. Böhlhaus Nachf., 1962.
Staël, Germaine de: *Über Deutschland.* Nach der Übersetzung von Robert Habs herausgegeben und eingeleitet von Sigrid Metken. Stuttgart: Reclam, 1962 (= Reclams Universalbibliothek Nr. 1751/55).
Tieck, Ludwig: *Bemerkungen. Einfälle und Grillen über das Deutsche Theater.* In: Steinmetz, ebd.
Wilpert, Gero von: S*achwörterbuch der Literatur.* 7., verbesserte und erweiterte Auflage. Stuttgart: Kröner, 1989.

Verfilmungen:
Nathan der Weise. BRD (Verfilmung für das Fernsehen/ARD) 1967.
Regie: Franz Peter Wirth.
Nathan der Weise. DDR (Verfilmung für das Fernsehen) 1979.
Regie: Klaus Dieter Kirst.
Nathan der Weise. BRD (Verfilmung für das Fernsehen/ARD/SFB) 1979. Regie: Oswald Döpke.

STICHWORTVERZEICHNIS

Aufklärung 6, 8, 11, 12, 45, 68, 69, 85–87, 92, 93, 97, 105–107, 111, 119, 127, 129, 133, 134, 138, 140, 142
Blankvers 8, 96
Boccaccio 19, 24, 29, 86, 98, 100, 104, 121, 134
Charakterdrama 84
Die Erziehung des Menschengeschlechts 15, 20, 108
Die Juden 14, 18
Dramatisches Gedicht 15, 29, 72
Emilia Galotti 15
Fragmente aus den Papieren eines Ungenannten 17
„Fragmenten-Streit" 6, 19
Französische Revolution 12
Goeze, Johann Melchior 15, 20, 24, 64, 65, 80, 87, 124, 136
Humanität 7, 8, 42, 50, 53, 57–62, 86, 91–94, 96, 97, 129–132, 138, 139, 141, 142
Jaspers, Karl 97
Jerusalem 26, 30, 56, 63, 72, 73, 81
Kreuzzug 60, 65, 75, 76, 130
Menschenrecht 12, 141

Menzel, Wolfgang 96
Minna von Barnhelm 15
Miss Sara Sampson 14
Moslem/Islam 40, 45
Reimarus 15, 19, 21, 23, 65, 80
Religion 6, 18, 19, 22–24, 26, 33, 36–39, 41, 50, 56–58, 61, 66–68, 71, 91, 98, 99, 110, 116, 117, 119, 120, 123–125, 129, 131, 135, 141
Ringparabel 24, 37, 39, 40, 51, 57, 59, 71, 86, 98, 100, 121, 136, 137, 139
Schiller, Friedrich 29, 93, 94, 129, 142
Schlegel, August Wilhelm 96
Schlegel, Friedrich 95
Schwärmerei 86, 98, 119
Shoah 98
Tieck, Ludwig 96
Toleranz 7, 8, 42, 43, 56, 58, 59, 62, 66, 86, 87, 91–94, 116, 129, 132, 136, 138–141
Unfehlbarkeit 64
Verstand 20, 21, 56, 85, 87, 92, 93, 105, 106, 108, 111, 134, 138, 142
Wunder 21, 26, 31, 57, 85, 112, 129